不動産2.0

長谷川 高
Hasegawa Takashi

イースト・プレス

はじめに

本書を手にとってくださり、ありがとうございます。

以前、某デベロッパーの社員だった私が、不動産コンサルタントとして独立したのは1996年のことです。以来、私は自分の足で全国各地をまわり、自分の目でさまざまな「不動産」を見てきました。

そして近年、実際に全国の街を訪れて強く感じることがあります。それは、東京の中心部（都心5区と言われる千代田、中央、港、新宿、渋谷の各区）の不動産市況がいかに異質かということです。そして、東京郊外（東京23区外の多摩地区及び、神奈川、埼玉、千葉エリア）を含めた地方の不動産市況が、いつの間にか、極めて大きな危機を迎えているということです。

私は会社員時代、東京中心部の土地を買い、ビルを企画し建てる仕事をしていました。商業地域の地価相場、家賃相場を頭に叩き込み、23区内をくまなく歩きまわりました。東京で生まれ育ったこともあり、以前は「東京＝日本」といった認識で仕事をしていました。

しかし、それは大きな誤りでした。当然ながら、日本のある一つの側面しか見ていなかったわけです。昨今、問題になっている人口減少や少子高齢化も、東京のど真ん中で暮らし、働いていると、その実情はまったく見えてきません。

簡単に言えば、日本には「東京中心部」という国と、それ以外の「地方」という、二つの国が存在していると言ってよいと思います。そして、この「東京中心部」という国は、年々その範囲が狭くなっているように感じます。

そして「地方」という国で今起こっている現象は、その地域特有のものではなく、全体としての日本がこれから向かうであろう未来の姿であると強く感じるのです。

私は不動産を専門とする者として、これまであらゆる業種の方とお会いしてきました。中には世界を相手に専門性の高いビジネスをしている方もいらっしゃいました。

ところが、そんな方たちですら、不動産をとりまく現状をほとんど理解していない方が多くいらっしゃいます。端的に言えば、日本の不動産に対する展望があまりに楽観的だと感じることが多いのです。

たとえば経営者であれば、本社、工場、倉庫、営業所など、不動産の購入、賃貸、運用、処分といったことに嫌でも関わっていかなければなりません。そしてその決断は、会社の将来をも左右しかねない重要なものになります。

ところが、一時の勢いや感情だけで決断してしまうケースを、私はこれまで数多く見てきました。現在、そして将来の不動産市況を正しく認識していれば、そのような判断にはならないはずなのですが。

「本当にそのご判断でよいのですか？　将来に大きな禍根を残すことになりませんか？」

つい、こんなことを言いたくなってしまいます。

また、外資系金融機関でグローバルマーケットを相手にしている方や、世界経済を目の当たりにしている方々も同様です。日本の不動産について認識が甘く、唖然とすることも一度や二度ではありませんでした。

マスコミ報道にも問題があるように感じます。彼らビジネスマンが情報源として接しているであろう新聞やニュースを見ていると、この表現では間違って解釈されてしまうのではないか、と感じることがよくあります。

たとえば新聞には、アベノミクス以降、不動産関連のさまざまな指標は総論好調であると書かれています。しかし、全国の実態をこの目で見てきた者から言わせれば、そこには大きな誤りがあるか、あるいは表現としてのミスリードがあると言わざるをえません。

すでに地方では、不動産の「大きな転換」が起きています。それと同じ現象が、東京の郊外でも見受けられるようになっています。今、このことに気づいているのは、一部の方々だけのようです。またはこの現実を見ないようにしているのかもしれません。

これまで長い間、信じられてきた不動産に関する常識が、まったく通用しない時代が来る――いや、もうすでに来ているのではないかと、私は感じています。

まさに今、「不動産2.0」の時代が訪れようとしているのです。

本書ではこの「不動産2.0」について、具体例をまじえながら解説していきたいと思います。今起こりつつあるパラダイムシフトを生き残るために、みなさんの不動産に対する常識をアップデートする一助になれば幸いです。

長谷川 高

目次

CHAPTER 4

金融サイドから見た不動産の危機

CHAPTER 5

不動産は本当の資産と言えるのか

CHAPTER 6

歴史に学ぶ不動産

CHAPTER 7

不動産の新しい潮流

CHAPTER 1

「不動産の常識」が変わろうとしている

地方で続出している「値段のつかない不動産」

土地を買ってまで成り立つ商売がない

地方では今、急激に人口が減ってきています。とくに少子高齢化が顕著なエリアでは、東京中心部とはまったく違った風景に出会うことがあります。

たとえば幹線道路を車で走っていると、道路沿いの数百坪、数千坪という土地に「売土地」と書かれた看板が立っているのをよく目にします。そして数年後、ふたたび同じ場所を走っていると、その看板がなんら変わらず立っているのです。

最初は「まだ売れていないんだな」と思うだけでした。しかし3年経っても、5年経っても「売土地」の看板が立っているのを見ると、「この土地はもう、永久に売れないのではないか？」と思えてきます。

とはいえ、幹線道路沿いの土地なので、周辺にはいたるところにお店があります。全国展開しているコンビニエンスストアや、地元で有名なスーパーマーケット、大手ファストフード店なども見受けられます。

しかし、こうした小売店や飲食店は、地主から土地を借りたり、建物を建ててもらったりして出店します。土地を買うわけではないのです。土地を買うまでのコストをかけて店を出す企業は、東京中心部でさえほぼないのが現状です。

実際、不動産業界ではずいぶん前から、「どんな商売であっても、土地を買って建物を建てて経営が成り立つ商売はほとんどない」と言われています。

つまり、人口減少が著しい地域においては、店舗用地として一等地であるはずの幹線道路沿いのまとまった土地の買い手が、地元にはすでに存在しないのです。それが今、地方が置かれている厳しい現実です。

中には、パチンコ店やクリニックが開業する場合もあるかもしれません。しかし、それは極めてまれなケースです。なぜならば、この二つの業種でさえ地方では廃業する件数が増えているのです。

また、ある程度利益を出している業種であっても、何も土地を買ってまでやる必要がないのです。なぜなら、土地を売ろうとする地主以上に、土地を貸してくれる地主がいくらでも存在するからです。

私も「売るに売れない土地」を持っている

では、何年経っても売れない土地の価格は、一体いくらになるのでしょうか？

厳しい言い方になりますが、こうした土地に価値はありません。「価格不明」「評価不可」の土地と言えるでしょう。

こういった土地においても国税庁が決める、相続税評価の対象となる「路線価」は、当然ながらゼロ円ではありません。また、地方自治体が固定資産税を徴収するために決める、「固定資産税評価額」もまたゼロ円ではありません。

とはいえ現実問題として、実勢価格よりは安く評価されているはずの路線価や固定資産税評価額で売りに出したとしても、売れない可能性は非常に高いと言えます。なぜなら、「買いたい人」や「その土地を購入して成り立つ商売」が存在しないからです。

これは、極めて重要な問題です。土地を売りたい地主は、売り出し中の期間も、ある一定の固定資産税を自治体に払い続けなければなりません。雑草の草刈りをはじめ、維持管理費用もそれなりにかかります。

しかも、それが数百坪、数千坪といった広大な土地になれば、その額は莫大なものになります。売ることができないのに、毎年、経費がかかり続けるということは、ある意味「価値がマイナスの不動産」と言ってよいでしょう。

じつは私自身、父から相続した「売るに売れない土地」を持っています。父は１９７４年、茨城県の田舎町に土地を１００坪購入しました。当時の金額で３００万円、坪単価3万円でした。この土地を、私は学生のころに相続していたのです。

その後、ずっと放置していたのですが、会社をやめて独立した１９９６年ごろ、この土地の存在を思い出しました。「何か使い道があるのではないか」と考えた私は、不動産の専門家として改めて現地調査を行ないました。

結論から言えば、私の評価は限りなくゼロ円に近いものでした。売ろうとしても、買い手が見つからないのです。

それでも毎年、固定資産税や維持管理費用がかかります。そこで、自治体に無償で引き取ってもらおうと思いました。しかし、役所に相談したところ、正式に「お断り」をされたのです。

「固定資産税を払っていただいたほうが何百倍もありがたいので、無償でも寄付は受けつけません」

このように、はっきりと言われました。私が相続した土地は、自治体にとってもまったく必要のないものだったのです。

このような土地が、日本全国に無数にあるのです。この現実を、我々はまず認識する必要があります。

もはや地方だけの問題ではない

こうした状況が見られるのは、地方都市だけではありません。東京の郊外においても、徐々に見受けられるようになっています。

「郊外」とはいえ東京近郊にもかかわらず、思うように簡単に売れない業務用の土地が出現しています。非常に厳しい現状になったと思います。

形式的に実勢価格は存在していても、その価格で売ることは不可能なのです。それは先ほどお話しした地方の土地と同じように、その土地を実勢価格で買っても、成り立つ商売がないからです。

そのとき多くの人は、売れないのなら、貸せばよいと考えます。しかし、それも難しくなっています。人口減少、少子高齢化によって、借り手も少なくなっているからです。

私自身、東京郊外の多摩地区で生まれ育ったのですが、30年前の幹線道路沿いは大手ファミリーレストランや大手自動車メーカーのディーラーの店舗、ガソリンスタンドなどで賑わっていました。しかし今では、その多くが閉店へと追い込まれています。

では、その跡地に何が建っているのか？　持て余すほどの広大な敷地を持つコンビニエンスストアか、または老人ホーム、デイケアセンターといった老人福祉施設が目立ちます。そして地代はかつての数分の一になっています。

実はこれでもまだいいほうです。こうした業態の規格（土地の広さ、間口、周辺人口の集積度）に合わない土地は、東京近郊であっても借り手も、買い手も現れず、放置されているのが現状なのです。

「工場跡地」が無価値になる時代

地価下落による負のサイクル

東京出身の私にとって、工業地帯といえば京浜工業地帯や京葉工業地帯でした。しかし近年、車で日本全国をまわるようになって、同じような工業地帯が日本中に点在していることを知りました。それを見るたび、「ああ、日本という国は、本当に工業大国だったのだな」という実感を抱きます。

なぜ、日本の工業はここまで発展したのでしょうか。それは日本人の勤勉な国民性が築き上げたものであることはまぎれもない事実ですが、その経済的な理由の一つには、戦後の急激な土地の値上がりもあるように思います。

高度経済成長期、企業が保有する広大な工場用地の資産価値が、地価の上昇にともなって、どんどんふくらんでいきました。そして、その土地を担保に新たな土地を購入し、工場を増やしていったのです。当時の日本の産業は、すべてが「正のサイクル」でまわっていました。

ところが現在、地価の上昇が止まり、下降へと転じるにつれ、「負のサイクル」へと逆回転し始めています。

高度経済成長期なら、工場、あるいは工場用地を売りに出せば、同じようなビジネスを手がけるほかの企業が購入してくれました。場合によっては、収得金額の数倍、数十倍で売れることもあったと思います。

しかし現在、こうした売買はほとんど見られなくなりました。日本の土地が高くなりすぎたのも理由の一つですが、厳しい原価圧縮の影響で、土地や工場を現在の「時価」で購入して採算の合う製品を作り出せる工場は、この日本にはほとんどなくなっていると思われます。

そのため、ある時期から日本企業の生産部門は、安い労働力と安い設備投資資金を求めて、どんどん海外に出ていったのです。

では現在、工場が売りに出たとき、それを購入するのは誰でしょうか？　大都市圏においてはデベロッパーです。東京中心部、あるいは近郊の駅から近い場所であれば、マンション用地として売却することが可能です。売却して得た資金によって、借り入れの返済もできます。

数万坪単位の土地であれば、条件によっては昨今流行りの物流倉庫用地として売買が成立することもあるかもしれません。これはAmazon等の通販大手向けの24時間稼働大型倉庫の特需のおかげではあります。しかしこの特需も将来にわたっていつまでも続くわけではありません。

そして、こうした売買が成り立つのは、全体のごくわずかの、多くの要件を満たした不動産にすぎません。

たとえば、マンション用地として成立するのは、首都圏の駅に近い物件に限られます。また、物流倉庫やショッピングセンターとして成立するのは、インターチェンジが近く、かつ数万坪の広さがなくてはなりません。もはや数千坪では小さすぎるのです。

そうなると、地方の工場用地や、首都圏であっても駅やインターチェンジから離れている工場用地、広さの足りない工場用地などは、ますます買い手が現れ難くなってきたと言ってよいでしょう。

つまり、売りに出しても買い手が現れない工場が、日本全国に存在するようになってきたのです。

「土壌汚染対策法」の恐怖

もう一つ、工場用地の売却を考えた場合、近年、非常に大きな問題になっていることがあります。それは土壌汚染です。

2002年に土壌汚染対策法という法律が制定されました。そのため、土地を売却する際にその汚染状況をくわしく調査し、その結果を行政に報告する必要があるのです。もし、基準値以上の土壌汚染が検出された場合は、行政の指導のもと、それを除去しなければならないことが法律によって定められました。

土壌汚染が地中深く、あるいは広範囲に見つかった場合は、土壌改良（土壌の入れ替え）にかかる費用が、数千万円から数億円かかる場合もあります。

じつは多くの工場が、この問題に直面しています。過去何十年にわたって操業してきた工場の場合、土壌がまったくなんら汚染されていないというケースは非常に珍しいからです。

となると、仮に4億円で売却可能な土地であっても、土壌改良に4億円かかってしまえば、その土地の価値はゼロになるわけです。

土壌汚染があってもかまわないから買いたい、という企業があるとすれば、それは同じように工場として使う場合でしょう。

しかし先ほど説明したように、今の日本で広大な土地を購入してまで、新たな工場を建設しようという会社は、極めて少ないと言えます。

つまり、土壌改良の必要があり、その費用が売価を超えてしまうような土地は、結果的に売るに売れない状況におちいってしまうのです。

地方企業が保有する資産価値は実質ゼロに

無理やり算出される評価額

ここまでさまざまな角度から、地方における不動産の問題を指摘してきました。これらのことから、今の日本が抱えている、ある重大な問題が浮き彫りになってきます。

端的に言えば、地方の企業、個人が持っている不動産の資産価値が、著しく低下している、ということです。とくに工場、営業所、倉庫、店舗などの資産価値は、近年、顕著に下がっています。

これまで説明してきたように、企業が土地を買ってまで事業を営むことは少なくなっているうえ、同時にそこにマンションを建てたり、宅地造成をして戸建て分譲をしたりする開発事業も、地方では極めて少なくなっています。

たとえ坪単価は安くても、土地が広大であればあるほど総額として大きな金額になります。さらには、分譲戸数的にも大規模物件になるわけです。地方において、そのようなリスクを負ってまで、大規模開発を行なおうとする企業は、今の日本ではまれなのです。結果、買い手がまったくつかないというケースが、近年、続々と出現しているのです。

くり返しになりますが、人口が増え続けていた高度経済成長期は、年々増加する需要に応えるため、工場などを増床する必要がありました。地方であっても、新たに土地や工場を買って、事業を拡大していくことは当たり前の光景でした。ところが現在、この現象の「逆回転」が起こっているのです。

こうした売るに売れない土地に対しても、不動産鑑定評価上の金額は算出されます。固定資産税を算出するうえでの評価額や、相続税を算出するうえでの評価額も、算定基準というある一定のルールによって、ある意味、無理やり算出されていると言ってよいと思います。

しかし、その土地を売りに出したときに果たして売れるのかといえば、長期にわたって買い手が現れないという現実が一方にあるのです。

「担保主義」の崩壊が起こる

この「保有する資産だと思っていたものが容易に現金化できない」という問題は、保有企業だけではなく、さらに根深い問題とつながっていきます。

それは、地方銀行や地方信用金庫がすでに担保として取った物件、あるいはこれから担保として取ろうとしている物件の実勢価格が、金融機関の評価額を著しく下回るという現実です。

たとえば、ある企業が2000坪の工場を持っていたとします。この2000坪の工場を、かつてある地方銀行が坪10万円、総額2億円として評価し、その約7割の1億4000万円の融資を実行していたとしましょう。

では現在、2億円と評価された工場の価格は、現実的にはいくらなのでしょうか？　おそらく多くのケースにおいて、地方銀行も企業も、現実から目を背けている状態ではないかと思います。

というのも、その企業の経営が厳しくなり、最終的に工場を売ろうとしたときに、融資した1億4000万円の値がつかないどころか、買い手がまったく現れないという事態が増えているのです。

今後、地方はますます人口減少と高齢化の波に襲われることが予想されます。つまり、経済活動における直接的な「需要」がより減少していくのです。その結果として「担保に取った不動産を売却できない」というケースが全国でさらに続出するでしょう。

実態として売却できないのなら、不動産鑑定評価上の金額が5億円だろうが、10億円だろうが、そこにはなんの意味もないのです。

近年、地方銀行の経営状態が悪化しているという報道を、よく目にするようになりました。この問題の一番根深いところにあるのが、地銀の担保に取った不動産が値下がりし、さらには売却ができないという問題であると考えます。

なんらかの担保を取れば、仮に返済が滞ったとしても、担保を売却することによって回収できる。その根本的なスキームが機能しなくなっています。

そうなれば、銀行としては融資に消極的にならざるをえなくなります。

担保こそが重要、担保さえあればお金を貸すという「担保主義」が、根底から崩れ去ろうとしているのです。

また、幸運にも売却できた場合も、大都市圏のように数か月で現金化というわけにはいきません。数年かかって、担保評価額よりはるかに下回る金額でようやく現金化できるというのが現状だと考えます。

すでに地方の金融機関では、担保そのものの価値の崩壊と、それにともなう「担保主義」の崩壊が同時に始まっています。

今後この傾向はますます強まっていくでしょう。

発表される数字が実態を反映しているとは限らない

■「オフィス空室率」の実態

ここまで読まれた読者の中には、「新聞などで報道されている、不動産関連の経済指標は好調なのに？」と、違和感を感じた方もいらっしゃるでしょう。

その疑問にお答えするために、代表的な不動産関連の数値について解説しておきたいと思います。

まずは「オフィス空室率」です。みなさんも、「オフィス空室率が下がってきた」「オフィス空室率が2パーセントを切った」といった報道や記事をご覧になったことがあると思います。オフィスの需要は極めて活発で、貸しビル業者はおしなべて景気がいいといった印象を受けることと思います。

ところが、この統計の対象になっているのは、いずれも大型ビルなのです。地域によって異なりますが、数値の出所を探っていくと、おおむね1フロア100坪を超えるような大型ビルだけを対象にしていることがわかります。

つまり、報道で発表されている「オフィス空室率」は、大都市の大型ビルの空室率を表しているにすぎず、1フロア10~50坪程度の中小規模のビルは、調査の対象にすら入っていないのです。

地方だけでなく、東京中心部の有名なオフィス街でも、中小規模のビルの場合、3割から5割が空室というケースも少なくありません。実際に、オフィス街をテナント看板を見ながら、注意して歩いてみると、そのことがよくわかります。空室のためにテナント看板が白地になっていたり、「テナント募集中」という看板が掲げられたビルがいかに多いことか。きっと驚くと思います。

東京中心部でさえ、一等地の表通りに立つビルをのぞけば、テナント誘致に苦労しているのが現実です。空室に悩むビルオーナーは数多く存在しています。この事実は、新聞発表の数値からは決して見えてきません。

「マンション契約率」の正体

次に「マンション契約率」です。民間調査会社の資料をもとに、新聞紙上などで発表される数値ですが、一体誰が、どのような方法で調べているのか、ご存じない人がほとんどだと思います。

私が会社員時代、マンションの営業を担当していた同僚が、民間の調査会社から送られてくるアンケートに回答しているのを見たことがあります。そのとき、同僚と上司である課長との間で、こんな会話が行なわれていました。

「課長、うちのマンションの初月の契約率は、何パーセントと回答しましょうか?」

「あまり売れていないと見かけが悪いから、70パーセントくらいにしておくか」

じつは「マンション契約率」というのは、こんなふうに決められていたのです。売買契約書の写しなどの事実を根拠にしているのではなく、物件の担当者が鉛筆を舐め(な)ながらアンケートに答えているものなのです。

たしかに、低い契約率を記入すれば「あの会社の物件は売れていない」とか、「あの物件の契約率は低い」といったことが公になってしまうのですから、営業の現場の立場からすると、本当の数字を書くことはためらわれるわけです。

よって、この「マンション契約率」は、ある程度、または相当に下駄を履かせた数字だと考えるのが妥当でしょう。

アンケートベースですから、数値の真偽を確かめる方法はありません。ただ、たとえば「契約率が70パーセントを切った」という数値が公表された場合、「実態はさらに悪い」と考えるべきなのです。

発表される数字は「過去のもの」

次に「公示地価」、「基準地価」、「路線価」について説明しましょう。

まず「公示地価」とは、1月1日時点の特定の地点の地価（実勢価格）を毎年、国土交通省が発表するものです。

さらに6か月後、今度は各都道府県が「公示地価」を補うものとして、7月1日時点の特定の地点の地価を発表するのが「基準地価」です。

この二つは、算出の時期が6か月ずれているうえ、管轄も国土交通省、各都道府県と異なります。ただし、基本的には、全国各地におけるその時々の実勢価格を示すものとして扱われます。

もう一つの「路線価」は、毎年1月1日時点の土地価格を7月頃に発表するものです。こちらを管轄しているのは国税庁で、相続税を評価するうえでの基準となります。おおむね、実勢価格の70~80パーセントの金額とされています。

この三つの指標の動向について、私たちはさまざまな報道を目にします。「去年より何パーセント上がったか（下がったか）」「上がった地点、下がった地点、どちらが多いか」「全体平均はどうだったか」、はたまた「銀座の一等地は1坪あたり1億円を超えた」……。

こうした報道を目にしたとき、注意しなければならないことがあります。それは、発表された価格はすでに「過去のもの」であるということです。

たとえば2019年1月1日の「公示地価」は、その約3か月後の2019年3月20日に発表されました。さらに、2019年1月1日の「公示地価」を算出する根拠は、2018年始めから後半にかけての売買事例を参考にして算出した価格です。

つまり、「何パーセント上がった、何パーセント下がった」と言ったところで、それは

「過去」の話なのです。

私は、1992年からの「不動産バブル崩壊」や、2007年から2008年にかけてのリーマンショック時の「ミニ不動産バブル崩壊」など、不動産価格の大暴落を実体験として記憶しています。その経験から言えるのは、不動産価格の暴落というのは「過去の数値」からは誰も予測できないということです。どちらのバブル崩壊時も、暴落直前までなんの予兆もなく、高値で売買されていました。それがあるとき、まさに坂を転がり落ちるかのように下落へと転じたのです。

つまり、こうした官が発表するさまざまな地価動向では、急に起こる不動産の暴落を予想したり、把握したりすることはできないのです。

精度の低い地方の公的地価

注意すべきことはまだあります。地方では、1年を通じて売買事例がほとんどない地域が少なくありません。そのような場合、地価をどのように算出するのでしょうか？

この1年の間に売買事例がなければ、さらに1年以上前にさかのぼって、また、もしもその地域に一つでも売買事例があれば、遠くから事例を無理やり引っぱってきます。そうやって数字をつくっているのです。たとえば、何十年も売れなかった山が、何かしらの理由でたまたま売れたとします。そんな極めてレアな事例を、「公示地価」「基準地価」「路線価」に無理やり引っぱってきて反映させるわけです。

本来は、「周辺に売買事例がないため、実勢価格の算出が不可能」というのが正しい答えの場合もあるはずです。そんな地域でも、どうにかして土地価格を算出しています。地域によっては、5年前、10年前の土地価格を、何も考えずに継続的に踏襲しているケースもあります。なぜこんなことが起こるのでしょうか？ それは、役所の都合です。

毎年徴収しなければならない固定資産税の評価は、これら三つの数値を基準に求められます。また、相続税を算出するためには、どうしても「路線価」が必要です。売買事例がほとんどなく、本質的な価値がゼロに近いとしても、税金を徴収する建前上、価値が「限りなくゼロ」とは言えないのです。

このように、都市部の住宅地のような多くの売買事例から導き出している地価や路線価と比べると、ほとんど売買のない地域の地価や路線価は、その精度は極めて低いと言えるのです。

名門総合商社の方向転換

表からは見えない大きな変化

今、不動産業界では大きな変化がいたるところで起きています。

しかし、日々の新聞記事からは、とくに不動産業界に激震が走っているとは感じられないかもしれません。「ビルの空室率が下がった」とか、「公示地価、基準地価が全国的に上昇に転じた」とか、表向きの報道ばかりだからです。また、大手不動産会社の株価を見ても、必ずしも悪いとはいえません。

しかし、その裏側では、大きな変化が確実に起きているのです。その象徴的なエピソードを一つ紹介しましょう。

私が保有しているあるマンションの管理会社は、かつて総合商社である丸紅系の「丸紅コミュニティ」（その後、三菱地所丸紅住宅サービスに社名変更）という会社でした。ところがあるとき、三菱地所系の「三菱地所コミュニティ」という会社に吸収合併されたとの通知が届きました。2016年4月のことです。

この合併により管理戸数は合計で30万戸を超え、大京（約51万戸）や東急不動産ホールディングス（約45万戸）などに次ぐ業界4位のグループになりました。

こうした動きはこれだけではありません。オリックス傘下の大京や、長谷工コーポレーション、大和ハウス工業なども、管理会社を次から次へと合併買収しています。

人口増加が見込めない日本において、マンションにしろ、戸建てにしろ、分譲事業の売上は年々、縮小していくことは避けられません。そこで、それに代わる安定収入を得るべく、管理事業を拡大しているのです。

また、数年前ですが、大京の決算発表を見ていて、驚いたことがあります。それは、同社の分譲事業の利益を、それ以外の事業、つまり不動産管理収入や、大規模修繕工事などの利益が上回ったのです。

同社は「ライオンズマンションの大京」として知られ、ある時期まで20年以上にわたってマンション供給戸数、日本一を誇っていました。リーマンショック後は、オリックス傘下で再生を進めてからは、「供給戸数にはこだわらず、分譲事業以外の収入を積み上げていく」と宣言していることは知っていました。

しかし、このような逆転現象が起こるとは思っていませんでした。さらにこの大京を、同じく不動産事業を手がける、親会社のオリックスが完全子会社化しました。

不動産事業に将来性はない？

また丸紅コミュニティの吸収合併の通知を受け取った際に、丸紅の不動産部門にいる知人にその実情について尋ねたところ、こんな話を聞きました。それは、丸紅が「今後、関西のマンション事業を縮小し、将来的には、首都圏の事業も縮小する可能性がある」ということでした。

そもそも丸紅は、古くから不動産事業を手がけており、近年はマンションの分譲をメインとしてきました。かつては関西地方で、その供給戸数から見て、毎年業界ベスト5に入っていた会社なのです。それにもかかわらず、なぜ縮小するのかと尋ねると、次のように説明してくれました。

「最近、丸紅は、各事業を50年間のタームで見直しました。つまり、多岐にわたるそれぞれの事業がこの50年の期間で見た場合に、儲かる事業であったのかを検証したのです」

総合商社は「ラーメンから人工衛星まで」と言われるように、扱う商品や、手がける事業が多岐にわたります。その一つ一つを、50年という長いスパンで事業を見直していったのです。そして、さらには今後の将来性も鑑みて、「不動産業は儲からない」と経営陣は判断したそうです。

事業縮小の真偽については、同社の今後の動向を注視する必要があります。しかし、管理会社の合併という事実から考えると、少なくとも、今後も国内の不動産分譲事業を積極的にやっていくということを選択しなかったということは事実なのではないでしょうか。以前のように分譲戸数を競うような時代では、もはやなくなってしまったということです。

これもやはり、日本の将来、つまり人口減少、少子高齢化による影響をふまえたうえでの結論であることは間違いないでしょう。不動産業界に身を置く人間からすれば、ぞっとするような話です。

丸紅の柿木真澄社長は２０１９年6月18日の日本経済新聞のインタビューの中で「現

在の（商社の）ビジネスモデルの多くの分野が無くなり、入れ替わるとの確信がある。歴史の延長でやってきた事業が続くとは思えない」と答え、「次世代事業」に3年間で2000億円の投資をする方針を打ち出しています。

丸紅のような大手総合商社においても、不動産分譲事業をはじめとした既存事業が、大きな転換点にきているという事実を、我々は認識する必要があります。

こうした不動産における厳しい現実を、意外に多くの方がご存じないのが現状だと思います。

大手電鉄各社の不動産戦略

運賃収入は頭打ち

大手電鉄会社の昨今の動向からも、厳しい現実が浮かび上がってきます。

関東の私鉄といえば、東急、京王、小田急、京急、京成、西武、東武など。関西では、阪急阪神、京阪、南海、近鉄などが挙げられるでしょう。

ここに挙げた電鉄各社は、すべて上場企業です。当然、株主に対して企業価値の向上といった責務があります。ところが、電鉄会社の本業である運輸業における運賃収入は、どの会社も頭打ちの状態が続いています。

そこには、企業の一存で運賃を値上げすることはできない、という硬直性の問題がありますが、沿線人口の頭打ちによって乗降客数の増加が見込めなくなっている、もしくは減少しているという根本的な問題も抱えています。

高度経済成長の時代は、どの電鉄会社も宅地開発をしたり、遊園地などの施設をつくることにより、沿線に人を呼び込んでいました。全体の人口が右肩上がりに増えていたこともあって、実際に沿線住民の人口は増えていきました。

しかし、そんな時代はもう終わりを迎えました。これから10年、20年後を考えた場合、乗降客数が増えるという想定は、非現実的と言えるでしょう。では今後、どのように売上を確保していけばよいのでしょうか？

本業からシフトする電鉄会社

今、多くの電鉄会社は、新たなビジネスに乗り出しています。その代表が、ホテルや賃貸マンションなどの不動産事業です。かつては、こうした建物は、自社の沿線に建てるのが常識でした。しかし昨今は、様相が異なります。

たとえば、私の会社がある赤坂には、京王電鉄は通っていないにもかかわらず、近年、京王電鉄系のホテルがオープンしました。それだけではありません。関西を地盤とする南海電鉄系のホテルもオープンしましたし、赤坂のお隣、六本木の交差点の近くには、阪急電鉄系のホテルがオープンしました。

これは東京中心部だけでなく、全国的な現象です。全国の主要都市をまわっていると、在京・在阪の電鉄系ホテルが、次々とオープンしていることが実感できます。

つまり、電鉄会社は自らの地盤に関係なく、上場企業としての生き残りをかけて、運賃に代わる収入を得ようと猛烈な出店攻勢をかけているのです。

言い方をかえれば、自社の鉄道が敷かれている沿線の発展はもう見込めないと考えているということです。インバウンドを中心とした観光業、とくにホテル業で収入を得ていこうという考えにシフトしたのです。ホテルだけではありません。自社が保有する遊休地に賃貸マンションを建て、新たな収入を増やすことにも取り組んでいます。

どの電鉄会社も、自分たちの本業がすでに頭打ちであることに、もう何年も前から気づいているのです。そんな折、2019年9月、東京急行電鉄が、社名から「電鉄」を外し、「東急」と商号変更しました。元来の本業であった鉄道事業は10月に分社化し、不動産事業を中核とする方針を取ったゆえの社名変更です。

このニュースなどまさに、ここまで記してきたことを象徴する出来事だと思います。

CHAPTER 2

それでも不動産は会社を救う

不動産賃貸業が本業を救う

大手出版社の意外な収入源

第1章を読まれて、日本の不動産の未来は暗いと思われた方がほとんどでしょう。しかし、電鉄会社がホテル事業に進出している例のように、不動産業における賃貸業にこそ、生き残る道を見出している企業が多いことも事実です。

この章では、改めて不動産がいかに企業活動において重要であるかを、さまざまな側面から見ていきたいと思います。

私はこれまで、いくつかの出版社と仕事をしてきました。かつては出版業界に関する知識がまったくなかったため、出版社の人と知り合うたびに、「貴社ではどんな小説を出しているのですか?」という質問をしていました。出版社といえば、文芸小説を出版するものと思っていたからです。

ところが、あるとき、とある出版社の方に質問をしたところ、「うちは小説は出せないんです」という答えが返ってきました。というのも、ビジネス書はある程度の部数が売れるという見込みが立つそうですが、小説は当たれば大きいものの、そのヒット率は低く、多くの文芸書は残念ながら売れずに終わるというのです。出版社にとって、小説を出版することはそもそも非常にリスクが高いのだそうです。

一方、大手の出版社は、雑誌やマンガでコンスタントに利益を出しているため、小説を出版するというリスクを取ることができるのだそうです。

しかし、これも10年以上前の話です。では、現在はどうなっているのでしょうか。

最近、ある出版社の経営者とお話ししたところ、「最近、雑誌が本当に売れなくなってきています。あと5年もすると、各社の看板雑誌の多くが無くなるかもしれません」とおっしゃっていました。

「では、マンガはどうか」というと、「マンガも売れなくなってきています。読者がスマートフォンでマンガを読むようになったので、マンガ雑誌も、コミック本も、以前のように売れなくなってきています」と。

時代の変化にともなって、かつての出版社を支えていた収入源が、どんどん失われているようなのです。では、なぜ大手出版社は、いまだに小説を出版し続けることができているのか？　私は疑問に思いました。

率直に尋ねると、「不動産です」との答えが返ってきました。会社が以前より保有している不動産を貸し出すことで、安定した利益を得ているのです。

出版不況の危機を救っているのが、不動産賃貸業であることを知り、私は「出版業界もやはりそうなのか」という感想を持ちました。こうしたケースは今、さまざまな業界で見受けられます。

たとえば、朝日新聞、読売新聞、ＴＢＳ、電通といった大手マスコミ各社も、不動産賃貸業が本業を支えています。

じつは何十年と存続している、歴史ある企業をよく見てみると、創業以来の本業だけで、会社を維持できている企業は、それほど多くないように思います。

大企業の「生き残り戦略」

かつて、繊維産業が日本の主要産業の一つだった時代がありました。全国に何万社もの繊維関連企業が存在し、日本経済を支えていたのです。しかしその中で、今も残っている企業がどれだけあるでしょうか？

すぐに思い浮かぶのは、東レ、帝人といった大手優良企業でしょう。しかし、現在の東レは、繊維関連企業とは呼べなくなっています。帝人もまた、合成繊維の大手ではあるものの、医薬品や電子材料などを扱う複合企業になっています。

かつて「片倉組」という、繊維業界を代表する企業が存在しました。日本の近代化を象徴する官営工場、富岡製糸場を引き継いだのもこの企業です。全盛期は「片倉財閥」と呼ばれるほど、景気がよかったそうです。

じつはこの「片倉組」、片倉工業と社名を変え、現在も一部上場企業として残っています。現在の主な事業内容は、医薬品事業と、不動産事業などで、全体の売上のうち、前者が29・5パーセント、後者が22・1パーセントを占めています。一方、かつて本業であった繊維業が占める割合は、15・5パーセントにすぎません（2019年12月期、第2四半期）。

繊維産業はとうの昔に、日本の基幹産業ではなくなりました。多くの企業が衰退し、消失し、生き残った会社もまた、別の事業へと転換しています。

時代は常に変化していくものです。一つの産業が、何十年も栄華を極めることはありません。時代に合わせて業態を変えていった企業だけが、長きにわたって生き残ることができるのではないでしょうか。

この企業の「生き残り戦略」の一つとして、自社が保有する不動産を活用し、賃貸業を柱に据えていくことは、これまでも、そしてこれからの時代も非常に有効だと思います。たとえば、東京・恵比寿のビール工場を再開発し、恵比寿ガーデンプレイスという複合施設をつくったサッポロビールは、その一つです。

経営が傾いてきたとき、苦しまぎれに不動産を売却すれば、莫大な特別利益が出るかもしれません。しかし、それは一時のカンフル剤にすぎず、すぐに資産を食いつぶしてしまうことになります。

かつて、カネボウという、国内企業売上高日本一になったこともある名門企業がありました。カネボウは長年にわたる赤字経営を、土地を切り売りすることでしのいでいました。しかし本業が上向くことはなく、最後には売却する資産もなくなり破綻を迎えました。

現代において大手出版社、大手マスコミが、不動産賃貸業を一つの柱に据えて、厳しい時代を生き延びようとすることは、ある意味、老舗企業にとって王道の「生き残り戦略」なのです。

実際、弊社の顧問先の企業を見ても、父や祖父の代から大きく業態を変えた企業は数多ございます。大手自動車メーカーの下請け部品工場、建設会社、お菓子メーカー、鉄鋼加工メーカーといった会社が、事業の将来性に乏しい、後継者がいない、競争が激化してきたなどの理由で、今では不動産賃貸業に転業しているのです。

本業のみで長年、経営を維持してきた企業として私の脳裏にすぐ浮かぶのが、ようかんで有名な和菓子メーカー「虎屋」です。なんと創業は室町時代にまでさかのぼるそうです。

私は以前、弊社も同じ港区赤坂にあることから「本業を守り、業態を変えずに何百年もやってきた虎屋さんのような例外もありますが……」と講演などで話していました。

しかし、です。最近、その虎屋にも、グループ企業に不動産部門があることを知りました。

なぜ大企業はなかなか潰れないのか

「人」と「事業」のポートフォリオ

先述したように、私はかつてデベロッパーの社員として、不動産の開発の仕事に携わっていました。マンションやビルを建てるのにふさわしい用地を探し、事業計画を立て、適正な価格で購入し、近隣交渉も含め、主に建物が着工するまでの業務を担当していました。

私たち各企画担当者は、不動産会社、建設会社、設計事務所、金融機関、税理士事務所など、土地情報を持っていそうなところへ、足しげく通っていました。

かつてはこの営業スタイルを「どぶさらい」と言ったそうです。たしかに「どぶ」の中からダイヤの原石を探すような仕事で、到底効率的と言えるものではありませんでした。

1年間、必死で営業したにもかかわらず、事業用地を1件も契約できない担当者もいました。つまり、1年間「契約ゼロ」ということです。

しかし、1件でも契約できれば、その売上は当時の平均で50億円以上、粗利ベースで約6億円にもなります。1人で年間3件の契約を締結し、200億円近い売上を上げる担当者もいました。ただ、その業績が翌年も続くかといえば、そうとは限りません。売上200億円の翌年、売上がゼロになることも珍しくありませんでした。

仮に独立して1人でこの事業を行なったとしましたら、ある年は売上がゼロ、ある年は売上200億達成、ということが起こりえます。しかしこんな不安定な事業が継続するはずがありません。

つまりデベロッパーは、多くの担当者を抱えることで、売上の平均化を実現しているのです。たとえAさん、Bさんが売上ゼロであっても、Cさんが3件の契約をとって、Dさん、Eさんが1件ずつ契約をとってくれれば、その会社は安定して維持できるのです。

別の言い方をすれば、デベロッパーは多くの担当者を抱えることで、「人」のポートフォリオを組んでいるとも言えます。

ところが、こうした戦略をとるデベロッパーであっても、リーマンショックのような金融危機においては、このポートフォリオもまったく機能しませんでした。なぜなら、仕入れたすべてのマンションやビルの収支がマイナスになり、なおかつ売れ行きも止まってしまったからです。

その結果、ビルやマンションの開発を専業にしていたデベロッパーは、用地を仕入れたはよいものの、売れない在庫を抱えることになり、多くの会社が破綻へ至りました。

一方で同じ不動産業でも、財閥系や電鉄系の大企業はこの金融危機をくぐり抜け、生き残ることができました。なぜなら、貸しビル業などの大家業を、もう1本の柱として持っていたからです。継続的に入ってくる家賃収入によって、厳しい時期をしのぐことができたのです。

一般的にもよく言われることではありますが、大企業も、中小企業も、厳しい時期を乗り越えるためには、「人」のポートフォリオに加え、「事業（収入）」のポートフォリオを持つことが不可欠だと思います。

しかし、大企業はともかく、中小企業が「人」と「事業（収入）」、両方のポートフォリオを現実的に組むことが可能なのでしょうか？

それは難しいことかもしれません。しかし、これからの生産年齢人口減という厳しい時代を生き抜くためには、中小企業であっても「人」と「事業（収入）」のポートフォリオを構築する必要があるのではないでしょうか。

何が起こってもおかしくない時代

私は不動産の投資におけるコンサルティングを行なう際、その方の年収をうかがいます。それは、その方がどれくらいの価格の不動産を購入できるのか、どの程度のローンを組むことができるのか、把握する必要があるからなのですが、その際に近年、驚かされるのは、総合商社に勤めている方の年収が高いことです。会社や所属部署、年齢にかかわらず、相当な高給を得ていらっしゃるのです。

総合商社といえば、私が学生のころは「ラーメンから人工衛星まで」がうたい文句でしたが、同時に「商社冬の時代」などと言われてもいました。その総合商社が、当時と比べて明らかに変わった点は、仲介・斡旋（あっせん）による手数料商売だけではなく、自らリスクを取って資本を投下し、当事者（＝事業者）としてビジネスに関わり出したことです。

資本を投下することは、当然ながら大きなリスクです。しかし、かつての仲介・斡旋業から脱したことで、今や総合商社の利益が群を抜いて際立ってきたのです。

この総合商社という業態は、世界を見渡しても日本独特のものだそうで、中国をはじめ、欧米でも、この特殊な業態を学ぼうとする企業があとを絶たないそうです。

しかし、もちろん一朝一夕には真似ることはできないでしょう。総合商社の歴史をひも解けば明らかなように、新興企業が簡単に真似ることはできない長年の蓄積が、総合商社にはあるのですから。


私は、これからの時代をひと言で表すならば、「何が起こってもおかしくない時代」だと思っています。それは、言い方をかえれば、「起こりえないようなことが起こってしまう時代」ということです。

日本経済はすでにグローバル経済に組み込まれており、私たちが名前しか知らないような国であっても、その国の経済が破綻すれば、遠く離れた日本にも影響を及ぼすことがあるのです。

起こりえないようなことが起こってしまうリスク、想像しえないことが現実になるリスクにそなえるためにも、私たちは無理を承知で総合商社を積極的に真似るべきだと思うのです。

こんなことを言うと、「中小企業がどうやって三菱商事や三井物産を真似るのか？」と笑う人もいるでしょう。しかし私は、真剣にこの不可能にトライすべきだと感じます。もちろんそれは「ミニミニ総合商社」、「極小総合商社」でよいのです。

先ほど紹介したように、総合商社の丸紅は、分譲事業から撤退しました。しかし、不動産業は分譲事業だけではありません。賃貸業が残っています。一般企業がこれからの時代を生き残るためには、この不動産賃貸業がカギとなるのは間違いありません。

もう一つは、不動産業に隣接する業種である、旅館業、ホテル業、民泊などのインバウンドを対象とした観光・宿泊ビジネスです。

私たちは総合商社のように、「ラーメンから人工衛星まで」ほど幅広いビジネスを営むことはできません。けれども、複数の堅実なビジネス、複数の成長性のあるビジネスを持つことは可能だと思います。それは、複数の収入源を持つということです。その一つとして、不動産関連事業は歴史的にも、他に本業を持つ多くの企業を救ってきたのですから。

どんな会社も不動産とつき合わざるをえない

すべての旧財閥に不動産会社が存在する理由

ここまで、不動産業界において近年、顕著になりつつあるマイナス的側面と、不動産の活用次第では、会社を救うことができるというプラス的側面についてお伝えしてきました。

時代によって、また地域によって、不動産の優位性は大きく変わるものの、中小企業にとっても、大企業にとっても、「不動産」はつき合わざるをえない存在であることには変わりません。

たとえば、本社を建てる、買う、借りる。いずれにしても、どのような不動産を選ぶのか、どのようなルートで貴重な情報を手に入れるのかを検討しなければなりません。工場や倉庫の場合も、同じことが言えます。

また、どこに本社を置くかという立地にも気を配らなくてはいけません。新卒、中途問わず、優秀な社員を採用するには、オフィスや研究所の立地が重要になってくるからです。とくに今後の労働市場は売り手市場が続きますから、企業の立地におけるイメージ戦略はなおのこと重要です。

また、工場や倉庫の立地も、ロジスティクス（物流）の面からも重要であることは言うまでもありません。

ところで三菱、三井、住友、安田、野村といった旧財閥グループには、そのグループ内にいつの時代も必ず不動産会社が存在します。グループ内に不動産会社を持つことの重要性を、彼らは理解しているのでしょう。

法人であろうが、個人であろうが、不動産というのは非常に高価な買い物です。もし、そこで失敗をしてしまうと、本業にも響くような大きな痛手を負うことになります。失敗の許されない選択であり、投資なのです。

また、不動産についての専門的な知識や経験を、グループ内に蓄積していくことは、本業の経営においても大きくプラスに働くはずです。だからこそ、歴史的に不動産会社をグループ内に抱えてきたのでしょう。

東京中心部はまったく違う国？

かつて日本には、全国的に不動産価格が右肩上がりに上昇し続けていた時代がありました。不動産を保有しているだけで、資産がふくらんでいった時代です。つまり、かつては一番の「蓄財」の方法が、不動産を所有することだったのです。

そんな時代は、１９９１年のバブル崩壊により終焉（しゅうえん）を迎えました。しかし、現在でも日本は世界第3位の経済大国です。2位の中国は共産主義国なので、資本主義国に限れば、依然として世界第2位となります。

中国は、不動産投資の対象として考えたとき、除外すべき大国だと感じます。なぜなら、共産主義国ゆえ、土地の私有化が認められていないからです。つまり、借地としての所有のみが認められているのですが、さまざまな法制度、税制度に関しても、ひと晩明けたらガラッと変わっていた、ということが起こりうる国です。とくに外資、外国人にとっては注意する必要があります。

そのため、香港をはじめ中国本土の富裕層は、海外に資産を移すことでリスクヘッジしているのです。彼らは自国の政府を信じていません。自国において資産を長期にわたり維持していくことに、大きなリスクを感じているのです。

また、あまり知られていないことですが、日本の登記制度は世界一の安全性を誇っています。以前、インドネシアの投資家とお会いしたとき、「なぜインドネシアでなく、日本に投資したいのですか？」と尋ねたところ、「インドネシアの登記制度は非常に脆弱で、他人名義に書き換えられてしまうリスクがある」とおっしゃっていました。

東南アジアの不動産において、成長性という面では、日本はとても及びません。しかし、カントリーリスクを考えた場合、まだまだ日本も捨てたものではないのです。だからこそ、人口減少が明らかな日本に、外資は資産の一部をいまだに投資し続けているのです。

また人口の問題についても、人口減少、少子高齢化の傾向は今後も続くものの、人口約６５００万人のイギリスやフランス、約８０００万人のドイツと比べると、約１億２０００万人を有する日本は決して「小国」ではありません。

仮に将来、人口が半分になったとしても、現在の韓国の人口約５０００万人を上回るのです。

また、地方はともかくとして、東京圏の人口集積度に関しては、日本は世界一です。将来的には、インドネシアの首都、ジャカルタ近隣地域に抜かれる見込みですが、それでも先進国としては世界一なのです。

つまり、日本全体で見た場合の不動産の位置づけと、東京圏に限定した場合の不動産の位置づけは、大きく異なるということです。

東京圏を一つの地域ととらえるならば、いまだに世界に冠たる大都市であると言ってよいのです。

しかし、これまでお伝えしてきたように、東京圏においても、土地の資産価値における勝ち組、負け組がはっきりしてきています。つまり今後も世界的な大都市として発展し、成長を維持できる「範囲」は限られてくると思われます。

みなさんに見誤らないでいただきたいのは、地方を含んだ日本全体の総論と、東京中心部の各論は、まさに180度、異なるということです。

不動産の立地が会社の未来を左右する

東京近郊の大学の「都心回帰」

近年、東京近郊の大学の間で、生き残りをかけた熾烈（しれつ）な競争がくり広げられています。その理由は、次ページの図1を見れば一目瞭然です。日本は確実に少子化傾向にあり、今後もますます進行していくでしょう。その影響を今現在強く受けているのが、大学なのです。

人口の多い団塊ジュニア世代が学生だった四半世紀前と比べて、現在の学生数の減少はあまりに顕著です。優秀な学生を集めることに、どの大学も苦戦を強いられています。

今や、半数以上の大学で、入学試験の倍率が1倍を割っているそうです。いわゆる大学全入時代の到来です。

図1

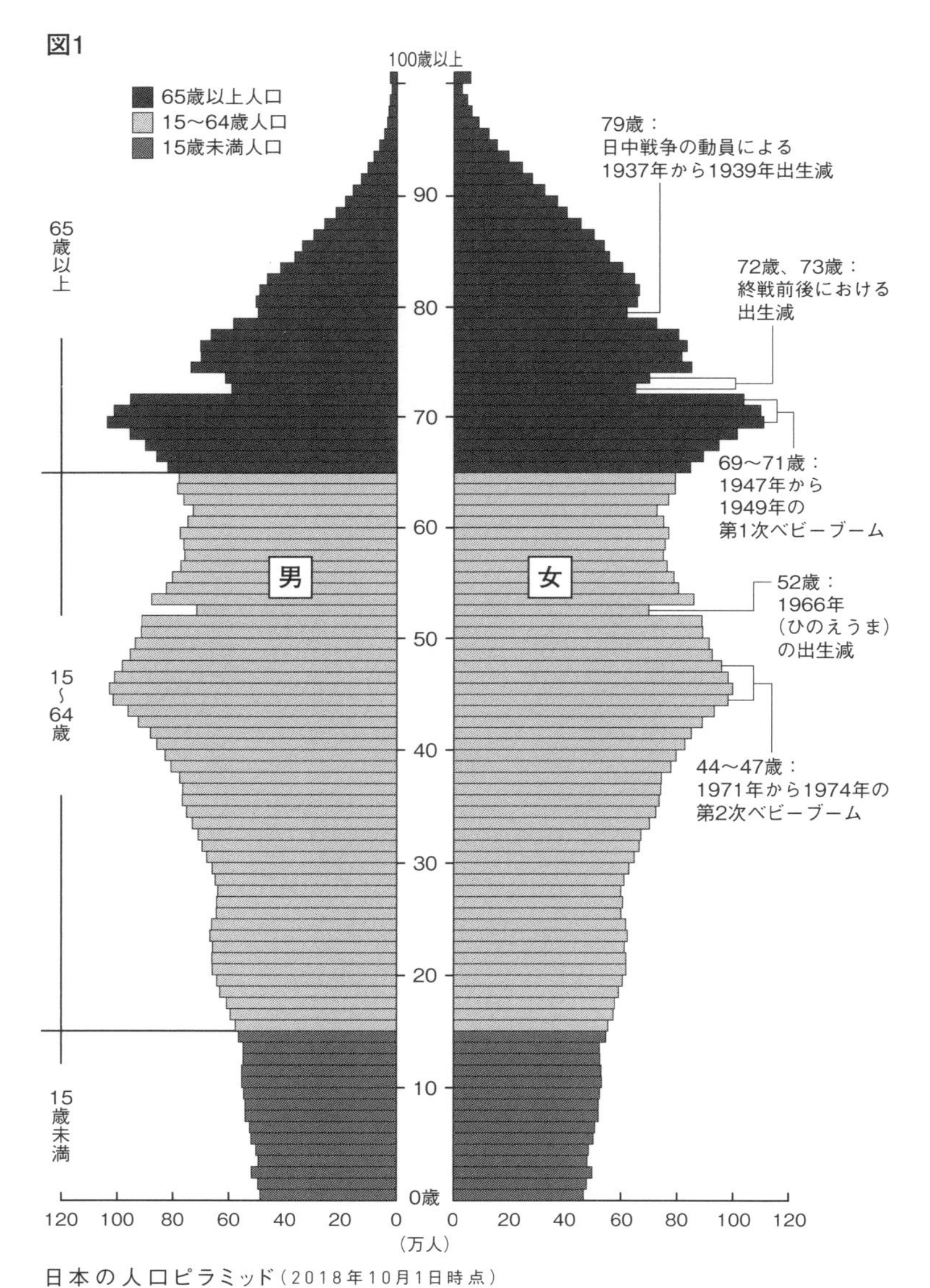

日本の人口ピラミッド（2018年10月1日時点）
出典：総務省統計局　人口推計（2018年10月1日時点）より

母数の減少により難関校でさえ、かつてのように優秀な学生を集めることが難しくなっています。そこで、留学生枠を増やしたり、地方に付属校をつくったり、知名度を上げるためスポーツに力を入れたりしているのです。

その中でも、とくに成功している実例が青山学院大学でしょう。もともと人気のある大学ですが、少子化の時代に先手を打つため、10年以上かけて陸上部を強化しました。

その結果が、箱根駅伝4連覇の達成です。この快挙によって全国的に知名度が上がり、入学試験の受験者数も大幅に増加したようです。

じつは青山学院大学は、もう一つ大きな施策を行なってきました。かつて同校は、神奈川県厚木市にキャンパスを設けていました。

しかし、新宿から小田急線で約50分、最寄り駅からさらにバスに乗る必要がある厚木キャンパスは、開設当初から学生には大変な不評でした。

そこで同校は、2003年に厚木キャンパスを売却。より都心に近い、神奈川県相模原市にキャンパスを新設しました。

こうした動きは、青山学院大学だけではありません。郊外にキャンパスを置いていた大学が今、続々と「都心回帰」を始めているのです。

かつては郊外に広いキャンパスを構え、充実した施設を提供することが、多くの大学の方針でした。しかし、少子化によって学生数が激減している今、それでは学生から「選ばれる大学」にはならないのです。

そこでキャンパスの「立地」が、今まで以上に重要になっているのです。これが大学の存続を左右するほどの課題と言っても過言ではありません。

同じことが、一般企業にも言えるのではないでしょうか。1990年代後半から、2000年代前半にかけて、就職氷河期と呼ばれる就職難の時代がありました。ところが現在、立場は逆転し、学生の売り手市場になっています。

この状況は今後も続くと思われます。少子化の影響で、確実に学生の絶対数は減少していくでしょう。そうした中で、いかに優秀な学生を集めるか。そのヒントは今、大学が優秀な学生を集めるためにとっている施策にあると思います。

人を呼ぶ土地、人を惹きつける土地

かつて私が会社員として勤務していたのは、リクルート系の不動産会社でした。リクルート系の企業は、企業の重要な方針として採用を重視することで知られています。

　この方針は、創業者の故・江副浩正（えぞえひろまさ）氏の考えによるものです。リクルートはこれまで、優秀な学生を全国から集めることに、お金と時間と人材を最大限、投入してきました。

　リクルートが一部上場企業になる以前、さらにさかのぼって「リクルート事件」が起きる以前は、リクルートという会社はまだ全国的に知られていませんでした。地方の学生の間では、会社名すら知られていない時代がありました。

　それでも、その地域の優秀な学生を採用するために、江副氏はこんなユニークな施策をとりました。

　江副氏自身、不動産に興味を持っていたこともあって、全国の主要都市の一等地に土地を買い、そこに見栄えのよい支社ビルを建てていったのです。すると、地方の学生が「リクルートという企業は勢いのある大企業のようだ」と勘違いし、有名国立大学から優秀な学生を数多く採用できるようになったというのです。

　現代においても「名門企業なら場所はどこでもよい」という考え方は、通用しないのではないでしょうか。長期的に見れば、立地が企業の採用、つまり成長や存続を左右するかもしれないのです。

それだけ現在の就職市場は、完全な売り手市場であるとも言えます。一方で厳しい時代における企業の存続や成長にとって、「人財」こそがすべてではないでしょうか。

「弊社は優良企業であるが、ひなびた町外れにある」では、なかなか人をとることは難しく、たとえ地方であっても、それなりの環境の整備や、地方だからこそのメリットを提供する必要が出てくるかもしれません。この傾向は、日本の人口ピラミッドを見る限り、今後も大きく変化することはないでしょう。

CHAPTER 3

不動産の失敗は「会社の致命傷」

三菱地所でさえかつて不動産投資で大失敗している

高騰時の買収が損失に

前章でお伝えしたように、不動産は失敗の許されない投資と言えます。手痛い失敗を避けるには、過去の失敗事例に学ぶことが重要です。ここでは、典型的な「失敗」の事例をいくつかご紹介しましょう。

まずは1989年、不動産バブルの絶頂期に、三菱地所がニューヨークのロックフェラーセンターを買収した事例です。

一体、何が失敗だったのでしょうか。答えは単純で、あまりに高い価格で買収してしまったことです。ニューヨークの超一等地にそびえる、由緒正しきオフィスビルではありますが、当時の金額で約2200億円という高価な買い物でした。

買収後、数年もしないうちに不動産バブルは崩壊し、三菱地所は大きな含み損を抱えました。最終的には、数千億円もの損失を出し、このビルを売却することになったのです。

この事例から学べるのは、どんなに一等地の不動産であっても、不動産価格が高騰しているときに購入してしまうと、結果的に大きな損失につながるということです。

そして、もう一つの教訓は、「日本一の大家」と呼ばれる不動産会社であっても、数千億円もの損失を出すような高値づかみをするケースがあるということです。

どんなに素晴らしい一等地の物件でも、常に高値づかみのリスクはつきまといます。それをプロが冒してしまうということが、不動産の怖さでもあります。

不動産バブル期に、海外のシンボリックな不動産を高値で買収していた日本企業は、三菱地所だけではありません。ヨーロッパの有名な城を買収した企業もありました。世界中のリゾートホテル、ゴルフ場などを、当時の日本企業が競うように買いあさっていました。

しかし、バブル崩壊でその買収のほとんどが失敗に終わり、そのうち多くの企業が破綻しました。

三菱地所は生き残りましたが、それは丸の内のオフィスビルからの安定した家賃収入があったからです。たまたま体力があったからにすぎません。

　このように、不動産業界の過去を振り返ってみても、高値で買ってしまったがために、破綻を迎える企業は少なくありませんでした。

　これは、大企業だけの話ではありません。中小企業や、または個人であっても、同じことを繰り返している現実があります。

中小企業が不動産で失敗することはまさに致命傷となる

人口減少地域での土地購入

最近、自動車の再生部品工場を経営している旧友から、「親の代から所有している自宅兼工場が手狭になったので、新たに土地を購入しようと思っているのだが、どうすればよいだろうか？」との相談を受けました。

彼の自宅兼工場は、東京都内とはいえ郊外の奥まったところにあるため、購入候補地には困りませんでした。取引先銀行に相談したところ、いくつも売り物件情報を持ってきてくれたそうです。

ちなみに、その取引先銀行は、「貸」工場や「貸」地の情報は決して持ってこないそうです。当然です。彼らは数少ない地元の優良企業に、なんとしてでもお金を借りてもらって、不動産を買ってほしいのです。

業績がよいからこそ、工場が手狭になったわけですから、新たに工場を増床することは、今までの常識からすれば何も間違ってはいません。しかし、私が伝えたアドバイスは、まったく逆でした。「今、土地を買うのは得策ではない」と伝えたのです。

というのも、東京中心部の土地価格の高騰が、郊外にも波及しているからです。ここ数年、高値安定状態が続いています。

しかしながらこの地域は、東京都内ながら年々人口が減少している地域なのです。大手上場企業の工場も、続々と撤退しているという事実もあります。今後、土地価格は間違いなく下がっていくと考えられます。

続けて私は、彼にこうアドバイスしました。「そもそも工場を買う必要があるのか？借りたらよいのではないか？」。

たとえ東京都内でも、人口が減少していく郊外の土地価格は下がっていくでしょう。割安で買ったと思った土地も、5年、10年のスパンで見ると、取得原価を大きく下回り、含み損を抱えることになる可能性があります。

将来、その土地を売って現金化したいと思っても、買い手のつかない「売るに売れない資産」になる可能性も高いのです。

彼の自宅兼工場は、自宅部分が老朽化していました。また、ご両親はすでに他界し、2人のお子さんのうち1人もすでに独立していました。そこで、どうしても工場を拡張する必要があるなら、自宅を近所の賃貸マンションに移してはどうかと提案しました。今、住んでいる家は解体し、空いたスペースで事業を拡大するのです。

このように、不動産とのつき合い方も、時代によって、エリアによって、柔軟に変えていかなくてはならない時代に突入しました。

高度経済成長期の不動産と現在の人口減少時代の不動産、そして東京中心部の不動産と東京郊外や地方の不動産、つき合い方が異なるのは自然なことです。リスクの取り方もまた、180度異なってしかるべきなのです。

新興国不動産のリスクと死角

日本とは異なる制度に注意

マレーシア、タイ、ミャンマー、ラオス、カンボジア、ベトナム、香港、シンガポール……。昨今、アジア新興国への不動産投資について意見を求められることが多くなりました。

ここで私が考える、新興国の不動産投資に対するリスク、注意点についてお伝えしたいと思います。

まずは、先にも触れましたいわゆるカントリーリスクです。とくに共産圏において、将来的に不動産投資に関する法規制や税制が大きく変わる可能性があります。

党の指導者や政権が変わることで、私たち外国人が不利になるような規制が起こりうることも、あらかじめ想定しておくべきだと思います。

そもそも共産圏には、外国人名義で土地を買うことができない、借地しか買えないなどの規制があります。

次に税制上のリスクです。これも政権が変わることで外国人に対する税制なども大きく変わるリスクがあるということです。

ところで、新興国の不動産を保有しようとする方は、インカムゲインというより、将来的な大きな値上がりを期待していると思います。

日本では、１９５０年代、60年代に土地を買っていれば、数十年後には数十倍の値段になりました。新興国においても日本で起こったような、高度経済成長にともなう地価の上昇を想定しているのではないでしょうか。

そのとき考慮しなくてはならないのが、建物の維持管理費用と、保有にかかる税金（日本で言う固定資産税）です。また、将来の売却時にかかる譲渡益課税についても、事前に調べておくことが必要です。

次に登記制度の問題です。先述したように、日本の不動産登記制度は、世界一の安全性を誇っています。一方、新興国の中には、勝手に登記を書き換えられてしまうような事件もあるといいます。

日本と同じように、一度、自分の名前で登記すれば、未来永劫にわたり所有権を守ることができるのか？　その国の登記制度と、それがどの程度堅固かどうかを、事前にくわしく調べておくべきです。

また、法律上、外国人名義で保有（登記）できない地域もあります。その場合、友人・知人の名義で登記をしたというケースが見受けられます。

しかしこんな名義借りは、通常なら絶対に行なわないはずです。最悪の場合、自分の知らない間に他人に売却され、お金を持ち逃げされたケースも少なくないようです。

そして海外送金のリスクもあります。不動産が値上がりし、売却益を手にしたとして、その少なくない額を複雑な手続きや規制をされることなく、自由に日本へ送金できるのか？　このことも、事前に確認しておきましょう。

新興国に投資するなら「一等地」を選ぶ

流動性も大きな問題です。基本的に不動産は他の金融資産に比べ、圧倒的に流動性が低いということはご存じのとおりです。不動産を売却し、すぐに現金化したくても、日本でも最低3か月から6か月はかかるのが一般的です。

これが新興国の不動産になると、なおさら流動性は低いと考えるべきです。なぜなら、不動産流通マーケットが日本のように整備されていないからです。売ろうと思ってもすぐには売れない事態が起こりうることを覚悟しておきましょう。

宅地建物取引業法（宅建業法）が適用されないリスクもあります。これは日本の法律ですから、当然ながら海外では適用されません。

宅建業法は、消費者保護の観点から制定された法律です。たとえば、宅建業法では「他人物売買」を禁止しています。当たり前ですが、宅建業者が契約していない不動産を、他人に売ることはできないのです。

しかし、海外では自分名義のものでない不動産を「近々、自分のものになるから」といって売っているケースも散見されます。

また、日本では青田売り（未完成物件の売買）でも、開発許認可が下りていないと販売ができません。ところが、海外では更地の状態や、開発許認可が下りていない段階において、建築計画だけで販売することも可能です。

また、売却時の仲介手数料ですが、日本では宅地建物取引業法で媒介手数料の上限額が決められています。しかし、新興国にはこうした規定はありません。国によっては多額の手数料がかかるケースが多いようです。これもあらかじめ、確認しておきましょう。

こうした状況をふまえて、それでも新興国の不動産に投資する場合は、立地のよし悪しのよくわからないところへ投資するリスクをどう担保するかが問題です。

個人的には、新興国に投資をするならば「一等地」かそれに準ずる地域にすべきだと考えます。日本で言えば港区や中央区、千代田区のような官庁街。それが難しければ、渋谷、世田谷、目黒のような住宅街かその周辺であれば間違いないと思います。

とはいえ実際は、一等地はすでに値上がりが激しく、投資エリアを広げる必要があることが多いようです。その場所が将来、日本で言う東京の中心地のように発展すればよいのですが、新興国の将来の発展や周辺への広がりを予想するのは極めて難しいと言ってよいと思います。

華僑が教える「根本的な問題」とは

「日本列島改造」が叫ばれた1970年代、日本では多くの国民が「これから土地が全国的に値上がりする」と踊り、こぞって土地に投機しました。そうして起こったのが、日本初の大不動産投機ブームとその崩壊です。

やがて全国的な土地投機ブームは終わりを迎え、高値で土地を買って大きな損失を抱えた企業やサラリーマンが続出しました。

あまり知られていない事実ですが、いまだに二束三文の土地を抱えたまま放置している方が、日本にはたくさんいます。私も先述したように、父から受け継いだ「将来、必ず値上がりするはずだった」茨城県の土地を持っています。

これだけの経済成長をとげた日本を見ても、すべての土地が値上がりしたわけではないのです。原野としての価値しか持たない土地は、50年経った今でも原野としての価値しかありません。

そうした土地が、北海道の山奥だけではなく、東京近郊の茨城県、千葉県などにも数知れず存在しているのです。

このリスクこそが、新興国の不動産投資においてももっとも注意すべき問題ではないかと感じます。

例えば仮に将来、必ず確実に値上がりする不動産が存在するならば、なぜ華僑(かきょう)や、地元の不動産会社、総合商社が買い占めないのでしょうか?

なぜわざわざ日本にいる日本人に売る必要があるのでしょうか? 本当に確実に値上がりするなら、地元の業者が銀行から融資を引いて、自分で買い占めて保有すればいいわけです。

アジア新興国の経済を実質支配しているのは、華僑です。もしも将来値上がり確実な「おいしい不動産」があれば、商売人として百戦錬磨の地元の華僑が、日本人より早く買い占めるのは間違いありません。

これは一体、何を意味しているのでしょうか。おそらく彼らが一番、前述したカントリーリスクを理解しているからだと思います。あるいはその不動産の立地が悪いか、投資するにはすでに割高だと判断しているのではないでしょうか。

商社などは、一等地に古くから存在する建物や施設を保有する企業を買収し、その敷地を再開発することで利益を上げているようです。一見、遠回りのようですが、どの国にも中心地には、何かしら古くからの既存の建物や施設があるものです。実に商社らしい手法だと思います。

この手法をそのまま真似することはできませんが、たとえば、上場している新興国の不動産会社、上位複数社に投資をすることは、個人でも、中小企業でも可能です。

また、単純に土地の値上り益を得るための投資であれば、アジア通貨危機や、リーマンショックのような時期を選んで投資をすることが、成功への近道ではないでしょうか。

CHAPTER 4

金融サイドから見た不動産の危機

担保評価があてにならない時代に

融資金額に担保価値が見合わない

金融機関が法人、または個人に融資する場合、基本として担保を取ったうえで融資をします。借りる側も、銀行に担保を提供しなければ融資は受けられないというのが常識だと考えていると思います。

仮に10億円の融資を銀行にお願いするなら、10億円以上の担保を銀行に提供し、借り入れを行なうわけです。

当然、事業が成功するかどうかの審査も行なわれますが、その融資金額に見合う十分な担保が存在するかどうかが、何より重要なわけです。融資する事業内容の審査と、提供を受ける担保、つまり不動産の価値の審査が、常にセットになっているのです。

銀行は、提供された担保の価値の100パーセントの金額を貸すことはありません。基本的には、その70パーセント以下の金額が上限になると言われています。

これまでお伝えしてきたように、この担保としている不動産の価値であり、評価が、今極めて危うい時代になっています。

これが東京中心部、地方でも大都市であれば、いまだに担保価値は揺るぎないものかもしれません。しかし、地方の不動産に、資金を貸すことのできる担保価値がいまだに存在するのか、はなはだ疑問です。

これまで地方銀行が融資をするときは、当然ながら不動産一つ一つの評価を行ない、融資金額を算出していました。しかし、私が地方で見てきた案件では、抵当権等がついて融資が実行されているものの、いざというときこの担保が売れるのか、つまり換金処分できるのかとの疑問を持たざるをえないケースが多々見受けられます。

別の言い方をすれば、「融資金額に見合う価値があるのか？」と疑問を持たざるをえない担保（＝不動産）が多いのです。

大都市から離れ、地方に行けば行くほどこの傾向は強くなります。先述したように、現実的には到底もう売ることのできない不動産に、抵当権がついている案件も見受けられます。

事業が計画どおりにいかず、返済が滞った場合、その期間が6か月を超えた時点で、金融機関にとってその事業者への融資は「不良債権」になります。

それでも事業者が、工場なり本社なりを売却することができれば、返済は可能になりますが、ここで指摘したい問題は、この不動産を売却しようとしても、そもそも買い手が現れない、あるいは当初、想定していた評価額の何分の一といった価格でしか売ることができない、という状況が出現していることです。

銀行の資金回収が難しくなっている

こうした厳しい状況は、私のような不動産業界の人間よりも、地方銀行などに勤めている方のほうが、よく理解されていると思います。

お金を借りた事業者が、最終的にお金を返すことができなくなった場合、債務者に担保不動産の売却を働きかけ、さらに銀行はある期日をもって裁判所に競売を申し立てます。

こうして資金の回収をはかるわけですが、この競売においても入札者が現れないケースが増えています。この場合、最低落札価格を下げ、再入札をくり返すことになります。

現在の地方において、不動産の担保評価を正しく行なうこと、つまり本当に売ることのできる価格を算出することは、その土地の不動産鑑定士でも難しいことでしょう。地域の不動産業者に相場を聞いても、「坪単価3万円から、10万円の間で売れるかもしれない」といった、あいまいな回答しか得られないはずです。

まして地方銀行の一支店の担当者が、不動産の担保価値を査定することには、明らかに無理があると思われます。

かつて「山を持っていること」が、資産家の象徴だった時代がありました。私が子どものころは、「誰々さんは山を持っているんだよ」といった話が出れば、「ああ、あの人はお金持ちなんだなあ」と、私だけでなく、まわりのみんながそう思ったはずです。

ところが現在、山で取れる木材の価値が低くなり、値段がつかないことも多くなりました。そのため、山の売買は非常に低調で、いくら値段を下げても買い手がつかないという状況におちいっています。

これと同じことが、地方の不動産で起こっているのです。仮に2000坪の工場を担保に融資を受けるとして、その評価額は事務手続き上、算出するしかありません。しかし、それは机上の空論でしかないのです。

もはや日本には、企業が新たに工場を買ってまで採算のとれるビジネスが極めて少ないのです。すでに工場は、買うものではなくなっています。借りるか、もしくは生産そのものをＯＥＭ（他社ブランドの製品を製造すること）の工場に外注するかです。

以前は不動産業界にも、工場専門の仲介業者や、倉庫専門の仲介業者が存在しました。しかし今では、こうした専門業者も売買ではなく、賃貸やリースを主な業務としているようです。

地方銀行は生き残れるか

■金融機関の役割が大きく変わる時代

このような事態が起こるようになると、そもそも担保を取ることに意味があるのか、という疑念が生じてきます。

かつては、担保さえ取っていれば、最終的に金融機関は損をすることがないと信じられてきました。別の言い方をすれば、融資対象となる事業そのものの審査よりも、十分な担保を取れるかどうか、中小企業であれば、連帯保証人である社長の自宅には十分な担保余力があるか、といったことが重要視されていたのです。

実際、これがある時期まで、銀行にとっての最大のリスクヘッジでした。これがいわゆる「担保主義」と呼ばれるものです。

ところがこの担保主義が、いつのころからか地方において機能しなくなってきました。よって、現在では担保の査定より、本質的な事業自体の審査に多くの時間と労力を割くことが必要となるべきなのでしょう。その事業に持続性や成長性があるかどうか、確実に収益を生み出すビジネスモデルかどうか。まさに融資担当者本来の実力が試されるわけです。

となると、金融機関そのものの役割や戦略が、これから大きく変わっていくことは間違いなさそうです。

そもそも人口減少、高齢化が著しい地方において、地域密着の既存の事業が今までのように「成長」していくことは相当難しいと言えます。「持続」していくことすら難しくなるかもしれません。そうなりますと、融資案件の件数自体も逓減していくことになるでしょう。

結果として、ごくわずかな優良企業に、各地方銀行、信用金庫、メガバンクの支店が殺到する事態になります。くり広げられるのは、激烈な低金利競争です。金利をどれだけ安くするかで競っている状況では、現在の超低金利も相まって、銀行にとって適正な利益を得ることは到底望めません。

ここに地方の銀行が抱える、もう一つの大きな問題があるのです。

地方金融機関が「商社」になる?

一方、ただ融資をするだけでなく、「地域商社」として地方の産業を助け、育てていくことを目指している金融機関も現れています。

頭打ちになっている地方の事業者に、適切なアドバイスを行ない、生産性を高め、販路を拡大させていく。地方においてこのような業務ができる組織が、金融機関以外にあるでしょうか? 地方の行政や、農協が担っていけるとは思えません。

各地の地方銀行は、これまで優秀な人材を集めてきたわけです。これからは、その人材をどう活用するかが重要になってくるのではないでしょうか。

今後おそらく、お金を融資することは、地方の金融機関の仕事の一部でしかなくなるかもしれません。その地域に密着した、総合商社のような役割を担っていかなければ、金融機関も、地元の産業も、やがて共倒れすることになるかと思います。

地方経済をマクロな視点で見れば、人口減少問題、人口流出問題、高齢化問題は待ったなしです。その影響は、すでに地方に顕著に現れているのです。

その実態を一番よくわかっているのは、地方銀行自身でしょう。今、行動しなければ、まさにあとはありません。担保主義はすでに崩壊しているのですから、これまでのやり方では通用しません。共に産業を育て、共に生き残っていくほかないのですから。

さて次は、お金を借りる側、つまり事業者側からこの問題を見てみましょう。

その事業者が地元でしっかり利益を出していれば、「お金を借りてほしい」といった金融機関からの申し出は常にあると思います。たとえば「業績がいいので、工場を拡張してはどうですか？」といった甘い誘いです。

ところが、今現在はすべてが順調であっても、将来なんらかの経済状況の変化や、特殊な事情によって、借入金の返済が滞ることも起こりえます。そのとき、工場の一部を売却することで全額返済できると想定していたものが、実際は当初金融機関が評価した数分の一の金額でしか売ることができず、結局、共同担保として差し入れた資産のすべてを売らなければならない、という事態が起こりうるのです。

不動産の価値下落がもたらす恐ろしい落とし穴です。

次のようなことも起こりうるでしょう。無借金で経営していた物販店が、たまたま追い風に乗って、業績のよい時期がしばらく続いたとします。そして、銀行からの誘いもあり、それほど多額とは思えない融資を受けて新店舗を開設します。

ところが数年後、逆風が吹いて、返済が滞ってしまいます。そこで新店舗を売却しようとするのですが、それだけでは全額返済できず、結局、本店まで売却するはめになる。なおかつ、連帯保証人になった社長の自宅まで手放さざるをえなくなる……。

こうした思ってもいなかったことが起こりうることを、記憶にとどめておいてください。それだけ、地方の不動産の価値は、急激に下落しているのです。

「パワーカップル」がおちいる落とし穴

「億ション」を購入する共働き夫婦

2007年から2008年にかけて起きたリーマンショックの際、不動産価格は大きく下落しました。しかしその後、不動産価格は東京中心部を筆頭に、再び急激に上昇しました。

東京中心部や湾岸エリアのタワーマンションでは、高層階を中心に1億円を超える高額物件が続々と販売され、しかもそれが飛ぶように売れました。

私がデベロッパーに勤務していた当時、1億円を超える高価格帯のマンションは「特殊住戸」と呼ばれていました。限られた方だけが買うことのできる、まさに「特殊な物件」だったのです。

しかし、現在では1億円を超える「億ション」が次々に売れている。一体、どんな人が買っているのか、疑問に感じていました。

そこであるとき、「億ション」を分譲しているデベロッパーの役員に直接話を聞いてみました。すると、意外な答えが返ってきました。

かつて「億ション」を購入していたのは、会社の経営者や、資産家、医師といった、いわゆる富裕層だけでした。しかし現在「億ション」を購入しているのは、会社員が多いというのです。

たしかに現在は、極めて金利の低い時代です。頭金をそれほど用意しなくても、長期のローンを組めば、6000万~7000万円程度は、年収の高い会社員なら借り入れが可能です。さらに共働きの夫婦であれば、その倍近く、2人で総額1億円以上のローンを組むことができます。

つまり、富裕層と呼ばれる「特殊」な人たちだけでなく、平均を上回る高い収入を得ている共働き夫婦が、いわば両輪で最大限のローンを組み「億ション」を購入しているのです。

最近、「パワーカップル」という言葉を時々耳にするようになりました。この「パワーカップル」と呼ばれる収入の高い夫婦が、「億ション」を共有で買っているということのようです。

起こりえないことが起こるリスク

日本経済はここ数年、アベノミクスの恩恵もあって一見、順調に見えます。日銀によるマイナス金利政策もあって、金利はもうこれ以上下がらないというレベルにまで下がっています。

こうした面だけ見れば、マンションを購入しやすい環境が整っているのは事実です。しかし、これから先のさまざまなリスクを想定すると、夫婦でいっぱいいっぱいのローンを組んで「億ション」を購入することに、私は不安を感じます。

では、どのようなローンの組み方が正しいのか？　唯一の正解などというものはありませんが、一般的に将来のリスクとして、次のようなことが考えられます。

たとえ夫婦共働きであっても、子育てや転職、病気や事故といった事情で、どちらかの収入が減ったり、途絶えたりするリスクです。

以前はローンを組む場合、夫なら夫だけの収入を想定することが一般的でした。

多くの人は、30〜35年の長期ローンを組みますので、35歳で借りたとしても、70歳まで支払い続けることになります。そろって35歳でローンを組み、「億ション」を購入した夫婦が、2人とも収入が途絶えることなく、70歳までローンを返済し続ける。そんなことが現実的に可能でしょうか？

経済の風向きが変わって初めて気づくのが、「借りることのできる金額が、返せる金額ではない」という真実なのです。

次に忘れてはならないことがあります。住宅ローンの金利は、これ以上、下がることはないものの、上がっていく可能性はいくらでもあるということです。

日銀の総裁が、これからもずっと黒田東彦（くろだはるひこ）氏であり続けるわけではありません。安倍政権も未来永劫続くわけではありません。今のような超低金利政策がいつまで続くのか、これこそ「神のみぞ知る」なのです。

また経済政策の原則からすると、政策上不景気の状況下で金利を上げることは起こりえませんが、仮に日本の財政破綻の問題がクローズアップされ、長期国債の利回りが上がっていくようなことがあれば、住宅ローン金利も上がっていく可能性も否定できません。

日本版・サブプライムローン破綻が起こる？

囲　超低金利時代の落とし穴

危惧していることはほかにもあります。

20年ほど前までは、東京近郊の３０００万円後半から４０００万円程度のマンションを購入できるのは、目安として年収５００万円以上の層でした。年収３００万円前後の層は、販売者側も、お客として想定していませんでした。

ところが現在では、年収３００万円前後であっても、東京近郊のマンションをローンで購入することが可能です。なぜなら、金利が下がったため、計算上は支払いが可能になったからです。

ただ、先ほどから警鐘を鳴らしていますように、30～35年という長期ローンを払い続けることを前提としたとき、果たして現実的に支払いが可能なのかどうか、長期にわたって収入が保証されている職業なのでしょうか。

あるデベロッパーの役員は、こう危惧していました。

「近年はかつてはマンションを買うことができなかった層にも、販売するようになっている。これが将来、日本版・サブプライムローン問題を引き起こす可能性がある」と。

私もまったく同感です。

一方、年収500万円前後の層の方々も、20年ほど前に比べ、ワンランクもツーランクも高額の物件を購入するのが当たり前になっているようです。

仮に今後、金利が上がっていったときに、返済を続けていくことが可能なのでしょうか？

読者のみなさんの中に、住宅ローンを変動金利で組んでいる方がいらっしゃったら、将来の破綻を避けるために、固定金利に切り替えることを強くおすすめします。

経済は生きものです。金利の上昇も含め、これから何が起こるかは誰にも予想できないのです。

住宅ローン破綻

2007年から2008年にかけて起きた世界金融危機の発端になったのは、アメリカにおけるいわゆる「サブプライムローン」であるということは、広く知られている事実です。

サブプライムローンとは、信用度の低い方に貸し出された住宅ローンのことです。本来、住宅ローンを組むには収入が足りない、または収入が不安定な方にも住宅ローンを貸し出し、それがことごとく貸し倒れていったことが、問題の発端になりました。

もともと住宅ローンというのは、アメリカでも破綻することが極めて少ない貸し出し債権でした。なぜなら、かつては一般的には収入の20〜25パーセントを上限とした返済金額で組むものだったからです。これはいわば住宅ローンで組む際の「常識」だったようです。

しかし、いつしかこの上限が取り払われてしまい、過大な返済率でローンを組ませるようになったのです。法律で決まっているわけではないにせよ、上限20〜25パーセントという返済率を厳守していればサブプライムローン問題も起こらず、世界中を巻き込んだ、リーマンショックも起こらなかったのです。

日本も同じです。20〜25パーセントという返済率は、かつては日本においても守るべきものと言われてきました。しかし、現在の住宅販売の現場を見ていると、この上限をゆうに超えてしまっているようです。今後日本版・サブプライムローン問題が起きないと誰が言えるでしょうか？

そして、もしも日本版・サブプライムローン問題が現実に起きるようなことがありますと、債務者である住宅購入者と、債権者である金融機関、双方ともに甚大な被害を受けることになります。

ある銀行に勤める友人が、「最近、住宅ローンが払えなくなる顧客が多くなってきた」と忠告してくれました。

これほど金利が低いのにどうしてなのかと尋ねると、「子どもの塾代や、私立の学費など、当初より支出がかさんでくると、とたんにローンの支払いが滞るようになる。要するに、返済率が高いんだよ」と。

私が、「どれくらいの返済率ならリスクが無いと思う？」と聞いたら、「銀行はそれ以上の融資を認めているけれども、やはり20パーセントだろうな」と答えてくれました。

さらに、「焦げついたローン債権はどうするのか?」と聞くと、「やはり支払いが6か月以上滞ったら、法的な手段で粛々と対応するしかない」とのことでした。

くり返しますが、必ずしも「借りることのできる金額が、長期にわたって返せる金額ではない」という事実を覚えておいてください。

「将来が今よりも悪くなる時代」の銀行業

低迷を続ける銀行業界

私が身を置いている不動産業界から見ると、銀行業界はまさに密接している「隣の業界」のようなイメージです。

昨今、不動産業界では「不動産の証券化」が盛んになり、証券業界とのつき合いも濃くなりました。それでも不動産業界にとって銀行業界は、融資をして預ける以上の存在です。一蓮托生（いちれんたくしょう）と言っては大げさですが、少なくとも金融機関なしには不動産業界は成り立たないと言ってよいと思います。

私が大学生だった１９８０年代は、文系の優秀な学生の多くが銀行に就職しました。東京六大学野球で首位打者を取り、勉学も優秀だったクラスメイトも、迷わず都市銀行に就職していたのをよく覚えています。

私の地元で「学校創立以来の秀才」との評判だった中学時代の同級生の兄も、すんなり東大に入り、卒業後は旧日本興業銀行に就職しました。郊外の公立中学とはいえ、創立以来の秀才ですから、子供ながら興銀というのはそれほどの会社なのかと思ったものです。

ですから私は、今でも銀行は人材の宝庫だと思っています。

そのためか、個人的に企業に投資をする際は、銀行業界を重視してきました。

2003年ごろ、各大手銀行の不良債権処理が山場を迎えたとき、その不良債権があまりにも莫大だったため、銀行株が軒並み売られたことがありました。中には破綻するのではないか、との噂が出た銀行もありました。

そのとき私は、優秀な人材が集まっている銀行はこの先、必ず復活するであろうとの思いから、個人資産のうち、かなりの割合を銀行株に投資しました。このことは、拙著『厳しい時代を生き抜くための逆張り的投資術』（廣済堂出版）にくわしく書きましたが、その狙いは見事に当たりました。株価が上昇したタイミングで株を売却し、少なくない利益を得ることができました。

ただ一点だけ、あてが外れたことがあります。やがて銀行業界はかつてのような輝きを取り戻し、長期にわたって株価が上昇していくと予想していたのですが、その目論見は外れてしまいました。

政権が民主党から自民党に移り、アベノミクスという株価上昇を迎えた局面でも、その中で唯一と言ってよいほど低迷を続けたのが銀行業界でした。

ここまで、地方銀行の危機を「不動産」という側面から見てきました。

しかし、「株価の低迷」＝「企業価値の低迷」という現状から判断すれば、地方銀行だけでなく、メガバンクの現状も惨憺（さんたん）たるものと言ってよいと思います。

銀行はこれからどうなるのか？

以前いつもお世話になっているメガバンクを訪れたときのこと。ある行員の方が、申し訳なさそうに「ドル預金」なるものをすすめてきました。

ためしに話を聞いてみると、ドル預金の金利よりも為替手数料のほうが高いのです。これでは、そのメガバンクを通じてドル預金をする意味がまったくありません。「もしこの投資商品にメリットがあるなら、一つでよいから教えてほしい」と言うと、行員の方は黙ってしまいました。

為替リスクが大きく、しかもかつてのように高金利とはいえないドル預金をする意味が、今現在果たしてあるのでしょうか？　するにしても、銀行でドル預金をするより、はるかに為替手数料が安く、かつ高金利でドル預金をする方法は、世の中にいくらでもあります。

じつはこれとまったく同じ営業を、全国の金融機関が行なっています。仕事でとある田舎町を訪れたとき、地元銀行の新入社員の方と話をする機会がありました。日々どんな仕事をしているのかと聞くと、そのまじめそうな行員は「一軒一軒戸別訪問して、ドル預金の営業をしている」というのです。

東京でも、地方でも、こうしたハイリスクかつローリターンな金融商品を銀行が売っているという事実を知り、私はがく然としました。これが今の銀行業界の現実なのだと、暗澹たる気持ちになりました。

なぜ、こんな状況になってしまったのか？　『サピエンス全史』（ユヴァル・ノア・ハラリ著、河出書房新社）という本に、非常に興味深いことが書かれていました。

今から500年前より以前の人類は、何千年もの間、経済が停滞した世界で暮らしていたそうです。誰も「将来が現在よりよくなる」とは思っていませんでした。「今より悪くなるか、せいぜい同程度だろう」と思っていたと。つまり、富の総量が増加しない時代がずっと続いていたと言うのです。

ところが、500年ほど前から、新大陸の発見やテクノロジーの進化、また生産や交易が盛んになるにつれ、「富の総量は増やすことができる」という考えに変わっていったそうです。自分も、まわりの人も、みな進歩していくものなのだと。

人々は、「将来」に信頼を寄せるようになり、この信頼によって生み出されたのが、「信用（＝クレジット）」だと。そして、この「信用」というものが人類史上、初めて生まれたことにより、「お金を貸す」という行為も生まれたのだと。

もっと端的に言えば、「今日よりも明日のほうが、今年よりも来年のほうが豊かになる」と思える世界が訪れたことで、初めてお金を他者に貸すということが始まったと言うのです。そして、お金を貸すという行為は、この500年で急速に広まったと。

「事業」を起こすしかない

以前、あるアジアの新興国を訪れたとき、日本製の新型バイクを嬉しそうに乗る若者たちに出会いました。

バイクの値段を聞くと、日本円で約30万円だと答えました。しかし、その若者の月収はたった2万円です。「ローンを払っていけるのか？」と聞くと、「まったく心配していないよ。去年より給料は2倍になったし、これからもどんどん上がっていくからね」と笑顔で答えてくれました。

現在の日本において、「今日よりも明日のほうが、今年よりも来年のほうが豊かになる」と確信している人が、どれほどいるでしょうか。人口減少と高齢化を同時に迎えたこの国で、そうした楽観的な確信を持つことのできる人は、ごく少数なのではないでしょうか。

そうなりますと、そもそも論として、他人にお金を貸すということを生業としている銀行業が、日本で今後、成長していくことは非常に困難であるように思えてきます。このことは、ここ数年の各行の株価にも表れているように思います。

これは言うまでもなく、地方金融機関だけの問題ではありません。メガバンクもまた、同じ問題を抱えていると言えます。では、この解決策はあるのでしょうか？

人口問題を解決するためにヨーロッパやオーストラリアのように、日本も移民を受け入れる用意はあるのでしょうか。それも一つの答えだと思います。

しかしこの状況下で、私たちがすぐにできることは、新しい産業を創出することだと思います。新規事業を起こし育てること、それしかないのではないでしょうか。

農業なのか、再生エネルギーなのか、医療なのか、介護なのか、とにかく新しい産業を創出し、育てることをしなければ、経済は縮小していく一方なのですから。

では、新しい産業を育てる担い手となるのは誰なのか？　その余力がまだ残っているのは、少なくとも地方においては、金融機関ではないでしょうか。

これまでの、担保を取って融資をしておけば取りっぱぐれないという都合のよいビジネスモデルは、地方からいち早く崩壊し始めています。まだ残っている優秀な人材を、顧客にとってなんらメリットのないドル預金の営業などではなく、新しい産業の創出や育成にこそ振り分けるべきではないでしょうか。

これが、金融機関に残された、唯一の「生き残り戦略」だと思うのです。

CHAPTER 5

不動産は本当の資産と言えるのか

キャッシュフローを生む不動産が唯一の資産

資産性のある不動産はどこにあるのか

現金、社債、国債、株式、不動産、ゴールド……。現在、「資産」と呼べるものは、このあたりでしょうか。

昔からよく言われる資産運用の鉄則に、「資産を三分割しなさい」という教えがあります。つまり、「現金と株式と不動産の三つに分けなさい」という意味ですが、この戦後の日本においては、不動産ほど確実に値上がりしていた資産はありませんでした。

不動産こそが最良の投資対象である、と断言していた経営者や投資家も大勢いました。実際、不動産によって莫大な資産を築いた方々が多数いました。とくに戦後、住宅地になりうる農地をたくさん所有していた農家の中から、多くの資産家が生まれた事実がありま

図2

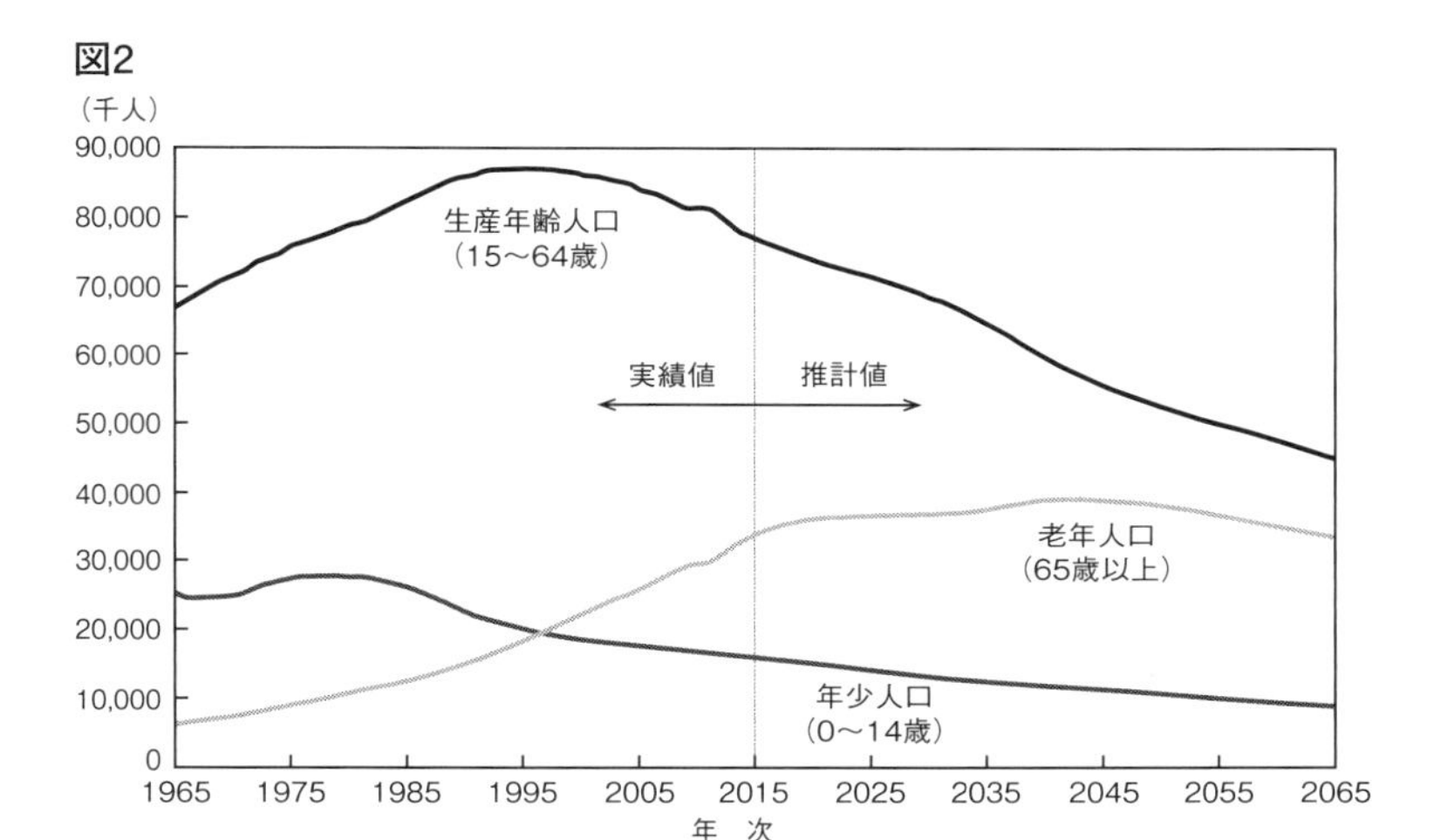

日本の年齢別将来推計人口
出典：国立社会保障・人口問題研究所「日本の将来推計人口」平成29年推計より

す。

ところが現在は、これまで述べてきたように、なかなか値段がつかない、現金化ができない不動産が、日本のあちこちに続出しています。「広大な土地を所有していれば資産家である」とは言えなくなってきたわけです。

今の日本では、「資産性のある不動産」は限定されてきています。資産性のある不動産とは、一つは私たちが住む、住宅地としての不動産です。

住宅地の資産価値は、戦後、長きにわたって急激な上昇を続けてきました。しかし、今では多くのエリアで頭打ちになっています。地方の住宅地どころか、東京郊外の住宅地でさえ、すでに値下がり傾向にあるエリアが広がってきました。

その要因は、やはり少子化であり生産年齢人口減少です。自宅として住宅を買うことができるのは、統計的な区分でいえば生産年齢人口に当たります、労働者の人口です。この生産年齢人口が、図2のとおり、確実に減少しています。

結果、住宅市場の需給バランスが崩れているのです。今後も基本的には、買い手市場の状況が続いていくことになります

62ページの図1のとおり、団塊世代に続いて人口が多いのは団塊ジュニア世代です。この世代は、最悪の不況期に社会に出る時期を迎えたことで、大変な就職難を経験しました。そのため、氷河期世代、ロストジェネレーションとも呼ばれています。

彼らは、親の世代とは異なり、モノを所有することにこだわりがないのが特徴です。不動産業界の立場から言えば、「笛吹けども踊らぬ世代」です。

「一生、賃貸でかまわないのでは？」「長期のローンを背負うリスクを抱えてまで、家を持つ必要はないのでは？」このような考え方を持った世代です。

そして、図1の人口ピラミッドを見るとわかるように、この世代に続く大きなボリュームゾーンは、日本には存在しないのです。

増え続ける「空き家」問題

現在、全国に約850万戸の空き家があると言われています。人口の多い団塊世代が、今後さらに高齢化することで、さらに空き家は加速度的に増えていくでしょう。

こうした状況をふまえると、総論として住宅地の資産価値は、年々下落していくと予測できます。当然、投資対象としてそのような資産を持とうとする投資家はいません。私のまわりでも、日本の住宅地に長期的に投資している人は皆無です。

近年、各地で道路の新設・拡幅計画がスムーズに進んでいます。とくに東京中心部では、東京オリンピックを前にこうした道路工事が増えているのですが、目立ったトラブルはないようです。

一体、どうしてでしょうか？　それは、かつてのように地権者がごねなくなったからです。つまり、ごねたところで将来価格が上がるわけではない、むしろ時間が経つにつれて下がっていくかもしれないことを地権者はよくわかっていて、買収に積極的に応じるようになったのです。

では、住宅地以外の不動産の資産価値は、どのように測ればよいのでしょうか。ひと言で言えば、「安定したキャッシュフローを生むかどうか」で決まります。その不動産を保有することで、収益を得られるかどうか、です。

かつては山、山林が、資産家にとって大きな資産でした。しかし昨今、木材に値段がつかないケースが多くなったことで、「この山の価値はいくらか？」という問いに答えることが難しくなっています。

最近では、国策によって再生エネルギーへの転換が進められているため、太陽光発電、風力発電の設置場所として、山の価値が見直されるようになりました。林業としての山の価値は極めて低いものの、発電施設としての価値は存在し、それなりの価格を形成するようになっています。

ただし、これにも条件があります。稜線(りょうせん)に風が吹かなければ、風力発電は成り立ちません。日当たりのよい、なだらかな斜面地でなければ、太陽光発電も成り立ちません。近くに鉄塔や高圧線があるかどうか、つまり、売電可能な立地かどうかも重要です。

かつては、どれだけ良質な杉やヒノキが植えられているかで、山の価値が算出されました。それと同じように、発電・送電にふさわしい環境かどうかで、山の価値は大きく変わってくるのです。

仮に将来、日本の林業が復活するようなことが起こるならば、ふたたび「山」が見直される時代が来るかもしれません。しかしそれには国産製材に関する需要の復活が欠かせません。

企業は不動産の保有をどう考えるか

収益を生まなければ意味がない

では今後、企業は不動産の保有をどう考えるべきでしょうか？

企業が資産として不動産を保有する場合、それが本社ビルであろうが、支社ビルであろうが、賃貸に出した場合に、賃料をきちんと取れるかどうかを想定する必要があります。借り手が現れるかどうか、収益を生む不動産になるかどうかが極めて重要です。

どれだけ莫大な建築費をかけたとしても、どれだけ豪華でデザインが優れていたとしても、借り手が現れなければ、固定資産税や都市計画税、維持管理費ばかりかかるお荷物でしかないのです。

私が生まれ育った東京郊外の幹線道路沿いに、ある化粧品会社が建てた実に立派な本社ビルがあります。外観はお城のような豪華さです。しかしこの建物が現在売りに出ていますが、当然ながら誰も買手が現れません。

じつはこうした不動産が全国各地で見受けられます。維持費ばかりかかる、オブジェでしかない建物です。とくに第三セクターと呼ばれた法人が、地域の活性化と称して建ててきた「なんとかタワー」「なんとか館」のような建物が、その象徴的な存在です。

こうした収益性のない建物を建てた第三セクターや公社は、最終的にはその多くが破綻したか、実質、破綻状態にあります。

民間企業が、同じようなことをしてはなりません。本社ビル、支社ビルを借りるのではなく、保有しようとするのであれば、その立地や建築プランに細かく気を配り、厳しく選別していくべきです。

銀座でも「勝ち組」「負け組」に分かれる

東京都中央区に、日本でもっとも地価の高い一帯があります。みなさんご存じのとおり、銀座です。

この銀座の中でも、三越や松屋銀座、銀座シックスが面した通りを中央通りと呼び、この中央通り沿いの土地が、日本では一番地価が高いとされています。将来においても、不動産の価値が下がらないであろうと言われる場所です。

この中央通りと晴海通りが交差する一角に、「和光」という商業施設があります。このビルは、服部セイコーの創業者一族が所有しています。服部家は今も、和光周辺の不動産を着実に買い増しています。

また、建設機械で世界シェア第2位のコマツの創業者一族も、中央通り沿いにビルを保有しています。

このように、中途半端な裏通りなどではなく、超一等地を保有し、買い増しまでしているのが本当の大資産家です。

私は会社員時代に「ビル開発部」という部署に所属していました。土地を買って、ビルを建て、保有または転売するという部署です。

こうした経験から、東京とその周辺都市については、それなりの目利きである自信があります。その私から見て、将来にわたって資産価値が下がらないと思われるエリアは、東京都内であっても、年々その範囲が狭まってきているように感じています。

ときおり、新しいビルが建てられているのを見ると、「なぜあれだけの企業（資産家）が、こんなところに建てるのだろう？」と疑問に思うことがあります。

たとえば銀座にも、1丁目から8丁目まであり、表通りも裏通りもあるわけです。道が一本違うだけで、その不動産が将来にわたって収益を生み、資産価値を維持できるのかどうか、投資金額に見合うものになるかどうか、まるで異なるのです。

今や銀座でさえ、道一本、間違えると、将来的には厳しい結果が待っているのです。

東京中心部には、名だたる商業エリア、オフィスエリアがいくつもあります。このエリア間における競争も激化しており、勝ち組、負け組が、はっきりしてきています。

このように、常に変化し続けているのが、東京という街のダイナミズムです。だからこそ、人口減少の時代を迎えても、いまだに人口が増え、同時にお金が集まってきているのでしょう。

しかしその東京でさえ、生き残っていけるエリアは年々、限定されていくでしょう。ひと言に東京と言っても広いのです。当然ですが、地方は言わずもがなです。

CHAPTER 6

歴史に学ぶ不動産

ユダヤ系移民の「富の源泉」は不動産だった

■ 下宿業をやらざるをえなかったユダヤ系移民

一般的にユダヤ人といえば、金融の世界で成功した人が数多くいるイメージがあると思います。

実際、世界的に有名な金融機関の創業者は、ユダヤ系が多いことで知られています。たとえば香港上海銀行（ＨＳＢＣ）の創業者は、かのロスチャイルド家です。「ゴールドマン・サックス」という社名も、ユダヤ系の創業家より伝わっているものです。

その一方、アメリカにおけるユダヤ系移民は、金融よりむしろ不動産が経済活動のメインだったと言われています。

獨協大学教授、佐藤唯行氏の『アメリカ・ユダヤ人の経済力』（ＰＨＰ研究所）には、19

世紀後半から20世紀にかけての、アメリカでのユダヤ系移民の経済活動についてくわしく述べられています。

たとえば、1881年の統計によると、ニューヨークの人口の10パーセントにも満たないユダヤ系移民が、当時ニューヨークで取引された不動産売買の63パーセントに関与していたそうです。

また、1911年の統計資料によれば、ニューヨークのユダヤ系移民世帯の56パーセントが下宿人を置いているという事実があるそうです。

現在でも、ニューヨークにおける不動産業、とくに賃貸業における成功者は、ユダヤ系移民が圧倒的に多いと言われています。

では、ユダヤ系移民は、どのようにして不動産業で成功したのでしょうか?

はじめのうちは、彼らが住んでいるアパートの一室に下宿人を住まわせることで、副収入を稼ぎ出していました。当時は下宿人に食事を提供し、洗濯までするのが当たり前でしたから、女性たちの負担は想像を絶するものだったと思います。

ちなみに当時、下宿の人気を大きく左右していたのは、食事が美味しいかどうかだったと言われています。

下宿といっても、ひとりひとりに個室があるわけではありません。当時のユダヤ系移民は、3部屋しかない狭い住宅に、両親と12人の子ども、さらに6人の下宿人が同居するのが当たり前だったそうです。

私の母親も8人きょうだいだったように、かつての日本でも大家族は当たり前でした。そこに両親、祖父母が加われば、12人家族となります。しかし、ユダヤ系移民の家族の場合、さらに6人の下宿人が加わるわけですから、これは明らかに「食べていくため」に「業」としてやっていたのでしょう。

彼らは、下宿人から得た家賃収入をコツコツ貯蓄していきました。やがて資金が貯まったところで、中古の小さな集合住宅を購入する。さらに資金が貯まったら、ビルを購入する。こうして少しずつ、賃貸不動産を増やしていったそうです。

ユダヤ人が賃貸業にまい進した三つの理由

なぜヨーロッパから移住したユダヤ系移民が、このような賃貸業にまい進したのでしょうか？　前出の佐藤氏は、独自の考察として三つの理由を挙げています。

一つ目の理由は、ユダヤ人に共通する「土地に対する執着」です。ユダヤ人に対する差別といえば、ナチス・ドイツによるホロコーストが思い浮かびますが、彼らが差別されていたのはこの時代におけるこの国だけではありません。

自らの国を持たないユダヤ人は、ヨーロッパ全域に住んでいましたが、「ユダヤ人の土地の所有を認めない」といった差別は、いつの時代も、多くの国で行なわれていたそうです。

どんなに商売で成功したとしても、ユダヤ人であるというだけで、自分の家も、自分の店舗も所有することができなかったのです。一生、他人から借りるしかありませんでした。

しかも現在の日本のように、借家人の権利が守られていなかったのですから、地主や大家の意向一つで、いつ追い出されるかわからない状況にあったのです。

そんな彼らが初めて土地の所有を認められたのは、アメリカに移住したときでした。夢にまで見た、自分の土地です。だからこそ、ユダヤ系移民の土地に対する執着や、熱意は、私たちには計り知れないものがあるのだそうです。

二つ目の理由は、彼らユダヤ系移民は、移住先のアメリカでも激しい差別にあっていたというのです。若い働き盛りの青年であっても、ユダヤ人であるという理由だけで就職すらままなりませんでした。

つまり彼らは、自分たちで商売を始めるしかなかった。そのとき、一番手っ取り早かったのが、下宿業だったわけです。

三つ目の理由は、ユダヤ系移民に共通する気質だそうですが、それは「リスクを取ることを恐れない」ということだそうです。

ニューヨークの不動産長者の中には、アウシュビッツ収容所から生き残った人が何人もいます。彼らは激しい差別を受け、命からがら海を渡り、裸一貫でアメリカにやってきました。失うものは何もありません。だからこそ、大きなリスクを取ることができたのだと。

たしかに不動産賃貸業は、ときに大きなリスクを取らなければならない商売です。事業を成長させたければ、自分の資金だけで賄うことはできません。多額の借り入れが必要になってくるのです。

そのときに、清水の舞台から飛び降りる気持ちで借金を背負うことができるか？　今の日本を見ても、そんな人はなかなかいないでしょう。10人に1人、100人に1人かもしれません。

ニューヨークの不動産王と言って、私たちの頭にすぐ浮かぶのは、現アメリカ大統領、ドナルド・トランプ氏でしょう。彼は40代のはじめには、すでに「若きニューヨークの不動産王」としてもてはやされていました。

あるとき、こんなことがありました。アメリカのデンバーにある国立ユダヤ病院が、若きトランプ氏を、その年もっとも活躍した人に贈られる「マンオブザイヤー」として表彰しようとしました。ユダヤ人も、そうでない人も、トランプ氏は当然、ユダヤ系移民だと思っていたわけです。このときトランプ氏は、「私はユダヤ人でも何でもないんだ。ブルックリンにたくさんのビルを持っているので、たいていの人が私をユダヤ人だと思うらしい」と苦笑しながら発言したそうです（『アメリカ不動産王国の素顔』ジム・パウエル著、有斐閣）。つまり、「ニューヨークの不動産業で成功した人＝ユダヤ人」というイメージは、それほどまでに強かったのです。

世界的に見れば、ユダヤ人の富の源泉は金融業というイメージがあります。しかし、かつてのアメリカ、とくにニューヨークにおいては、不動産業こそが彼らの富の源泉だったようです。

日本在住のユダヤ人が始めた元祖サブリース業

田 N氏との偶然の出会い

不動産業で成功をおさめたユダヤ人は、じつはニューヨークだけでなく、日本にもいらっしゃいます。その中の1人で、私が実際に知り合ったN氏についてお話ししましょう。

N氏と知り会ったのは、行きつけのカフェテリアでした。ある日、たまたま隣に座っていたN氏から、「今日はいい天気ですね」と話しかけられたのです。以来、顔を合わせれば他愛もない雑談をする関係になりました。

N氏は1945年、終戦直後のベルリンに生まれました。両親はともにユダヤ人で、奇跡的に強制収容所から生還したそうです。

その後N氏がまだ幼いうちに、家族全員でイスラエルに渡りました。ナチス政権が倒れ、強制収容所に送られていたユダヤ人は全員解放されたものの、当時のドイツ国民の間では、ユダヤ人に対する憎悪や差別が続いていたからだそうです。そこでこれ以上、ドイツで生活することはできないと両親が判断し、イスラエルに移住したそうです。

しかし移住した先には、住む家すらありませんでした。移住者はキャンプ場のような広場に集められ、当初、テント生活を余儀なくされました。

N氏の父は、ドイツでは優秀な洋服の仕立て屋でしたが、イスラエルでは家族を養うため、のちにレストランを開業したそうです。

さらにN氏が中学生になると一家は北米へ移住しました。なぜ、イスラエルを離れたのかというと、イスラエルでは男女ともに徴兵制が敷かれていたからです。当時、戦禍を極めていた中東戦争へ送られ、多くの徴兵にとられた若者が戦死していました。

そのため、N氏が徴兵される年齢になる前に、家族全員で移住することを決めたのでした。

ところが移住先でも、ユダヤ系移民に対する差別意識は根強く残っていたそうです。たとえば、彼がゴルフ場に行くと、その入り口に「犬とユダヤ人の入場はお断り」と書かれていたそうです。

そんな彼が日本に来るきっかけとなったのは、柔道でした。学生時代から柔道に興味を持っていた彼は、進学した大学でも柔道を続けたそうです。

そして、柔道をもっと極めたいという思いから、モスクワオリンピックが開催される1980年の数年前に、日本へやってきたのです。日本でさらに柔道を学び、最終的にはオリンピック代表候補にも選ばれたそうです。

そしてN氏は、柔道が取り持つ縁で、その後も日本に住み続けたのでした。

N氏はいかにして日本で成功したのか

N氏の当初の生業（なりわい）は、翻訳事務所での英訳の仕事でした。

しかし、話をしていくうちに、N氏にはもう一つ大きなビジネスがあることがわかってきました。それはある種の不動産賃貸業でした。

彼が来日した当時、外国人向けの賃貸物件は非常に少なかったそうです。そこで大家さんに交渉し、自分が借りた部屋を外国人向けにリフォームして、外国人に貸すというビジネスを始めたのです。つまりアパートの「又貸し」です。

和式トイレ、畳の和室といった外国人にはなじまない部分を、できるだけお金をかけずに、自分でリフォームしていったそうです。募集は、当時はインターネット掲示板などありませんでしたから、日本で発行されている英字新聞などに広告を出したそうです。

驚くべきことに、彼一人が又貸しをしていた部屋は、多いときで100戸を超えており、彼いわく、「発明も当たるときは当たったけれど、僕がお金持ちになれたのはこれのおかげ」とのことでした。現在は、この「業」そのものをやめているとは言うものの、今でも30戸前後を又貸ししているそうです。

現在でも、外国人向けのインターネット掲示板に「敷金・礼金・更新料なし」をうたって募集すれば、すぐに部屋は埋まるそうです。なぜならこれらは、外国人にとっては到底理解しがたい制度だからです。だから今も昔も、自分の物件は外国人から人気があるのだと言っていました。

ここまで「又貸し」という言葉を使ってきましたが、これは今で言うところの、立派な「サブリース事業」です。それをたった1人で、大家さんと話をつけ、リフォームを行ない、募集までやってきたわけですから、なんとも驚くばかりです。

とはいえ彼は、日本の不動産取引や税金について、それほどくわしいわけではありません。これまで数十年間、素人の「又貸し大家さん」として、ただただ工夫しながらやってきただけなのです。

「家を改築し、リフォームすることなんて、イスラエル時代にいつもやっていたから、僕には簡単なこと」とおっしゃっていました。

それが今や、原宿、青山などにいくつもの不動産を持つ資産家になっているのです。どうしてここまで成功できたのでしょうか。それは、先ほど紹介した『アメリカ・ユダヤ人の経済力』に登場する、ユダヤ系移民と共通点があるように思います。

いわれのない差別を受けながら、世界を渡り歩き、生き残るために努力と工夫を重ねた結果が、彼を成功に導いたのではないでしょうか。

あるとき私は、「ユダヤ人の経済的な成功の秘訣はなんですか？」と聞いてみました。

彼は三つのことを教えてくれました。

一つ目は、教育です。ユダヤ人は子どもの教育にとにかく熱心で、お金もかけます。彼自身、複数の大学を出ています。

二つ目は、倹約です。部屋のリフォームも業者に外注することなく、できることは自分でやっていました。この倹約精神は、どん底とも言える厳しい時期を経験した者だけが持つ、生き残り戦略なのだと思います。

三つ目は、チャレンジ精神です。何か新しいものを見つけて、それに積極的にチャレンジしていくことが大事だと言っていました。

ユダヤ人は過去、それぞれの国や社会から差別を受け、一般国民として受け入れてもらえない時代を長く過ごしました。その中でどうやって食べていくか。それには、すでに一般国民の誰かがやっていることではなく、独自の新しい何かを見つけて、生業としていく必要があったのです。

彼にとっては、その一つが、外国人向けサブリース業だったわけです。

かつてのイギリス商人に学ぶリスクテイク

ぬるま湯に浸かってきた不動産業界

少し唐突かもしれませんが、個人的な見解として、現在の日本の不動産業界の行き詰まりの原因は、やはり、リスクを取ってこなかったことにあると思っています。

端的に言えば、不動産業界や銀行業界が何十年にもわたって、ドメスティックな市場ばかりで競い、その中でできるだけリスクの少ない、先人たちが創り出した手法を踏襲するだけの、言ってみれば「ぬるま湯に浸かってきた」結果が、今の状況なのではないかと思うのです。

財力と低金利で土地を買い（またはもともと所有していた土地に）、ビルやマンションを建てる。そしてそれを保有するか売却する。これが長年、不動産業界が変わらずやってきたことです。そして、不況が来れば会社が傾き、好況になれば業績が上がるという繰り返しを、これまた長年にわたって継続してきたのです。

グラバーこそ真のリスクテイカー

以前、出張で長崎を訪れた際に、先述のユダヤ系かつイギリス資本のHSBC（香港上海銀行）の長崎支店の立派な建物が残っていて驚いたことがありした。

この建物は1904年（明治37年）に竣工したものでしたが、HSBC自体は1892年（明治25年）には長崎支店を開設しています。さらにこれに先立ち、1866年（慶応2年）には横浜、1869年（明治2年）には神戸にすでに支店を設けています。江戸幕府の大政奉還が1867年（慶応3年）ですから、この動きは驚くほど早いと言えます。

話は少し逸れますが、私の生まれた東京多摩地区には米軍横田基地があります。

この基地から放送されているAFN（American Forces Network）という米軍ラジオ放送は1997年までFEN（Far East Network）、「極東放送」と呼ばれていました。

学生時代は「なぜ極東放送などという名称なのだろう？」と疑問に思っていました。

これは要するに、アメリカを起点にして日本を見た場合、大西洋を渡りヨーロッパ大陸をはるか越えてさらに東にある「まさに極東の基地」だからと気づいたのは、後年、実際にアメリカを訪れてからでした。

アメリカ同様、イギリスから見た日本も「極東」であることに変わりありません。まして飛行機が飛んでいない幕末においては、それは想像を絶する程の「東の果て」であったでしょう。そんな時代にＨＳＢＣは日本に支店を設けたのです。

ご存じのとおり、かつてイギリスが七つの海を支配し、イギリス商人が世界中にいた時代があったのです。そして、そのイギリス商人の一人が、今では長崎の観光名所となった「グラバー邸」に住んでいたトーマス・ブレーク・グラバーです。

グラバー商会は、日本国内の政治的混乱に乗じ、「武器商人」として薩摩藩、長州藩、土佐藩、肥前藩などに艦船、武器、弾薬などを売り込み、１８６０年代半ばには、長崎最大の貿易商に成長します。

その後、グラバー商会自体は一度破産するものの、グラバーはその後も、高島炭鉱や長崎造船所の前身である小菅ドックの設立などに関わり、日本の近代化に大きく貢献しました。

私は、幕末に極東の日本で活躍したこのグラバーなる人物が、心底「商人」であり、ビジネスマン、貿易商、経営者として相当なリスクテイカーだったと思うのです。

「あまりにも遠い極東までの航海」、「幕府に禁輸されていた武器の輸入」、「負ける可能性もあった倒幕派への武器の販売」など、当時のグラバーの取ったリスクを挙げればきりがありません。しかも、失敗すれば、失うのは資本ではなく「命」だった可能性もあったはずです。

一方で、それだけ大きなリスクを冒すに見合う莫大なリターンを想定していたということでもあるのでしょう。

今こそリスクを取るべきとき

しかし、現代において「イギリス人」＝「商人」というイメージはあまりありません。

1965年にビートルズが大英帝国勲章を受賞するという、ちょっとした事件がありましたが、あの勲章受賞も、ビートルズのレコードの輸出が、低迷していたイギリス経済に大きく貢献したということが理由でした。約50年前でさえすでにイギリス経済はこんな状況でした。

もはや世界の辺境の地から「イギリス商人」はいなくなってしまったのでしょうか（イギリスは、イギリス系「資本」という形で世界経済の一部をいまだ支配しているという事実はありますが）。それは単純にイギリスという国が十分に「豊か」になり、「老成」し、「資本＝お金」は投資しても、自らはリスクを取りにいかない。まさに「ぬるま湯に浸かった」状態だからなのではないでしょうか。

この状態は、どこかの国に似ていないでしょうか？　そうです、現在の日本です。

経済的な指標だけを見れば、日本はすでにイギリス以上に豊かになったと言えます。しかし、その経済が労働人口の減少などを背景に、今後縮小していくと言われています。

その中で、今後私たちはどうしたら、自らのビジネスを持続させ、成長させていくことが可能なのでしょうか。

その答えは、かつてのイギリス商人たちのように、地の果てやまだ発展の余地がある新興国に出ていくということかもしれません。あるいはN氏のように、何か新しいものを見つけて、それに積極的にチャレンジしていくということかもしれません。

もちろん、そこには必ずなんらかのリスクがあります。そしてそのリスクが取れるのは、まだ体力や財力が残っている、今なのだと思うのです。

CHAPTER 7

不動産の新しい潮流

東京における新しい潮流

歌舞伎町の北側エリアの変貌

今から10年ほど前のことです。20代の2人の経営者が、私の会社を訪ねてきました。彼らは当時の私から見てもあまりに若く、会社の社長というよりは、カフェの若手オーナーといった雰囲気でした。

新宿・歌舞伎町で、広告代理店を経営しているという2人。歌舞伎町の飲食店や風俗店を相手に、ウェブサイトや名刺の作成をしているとのことでした。

そんな彼らが新たな事業として、歌舞伎町周辺で不動産賃貸事業を始めたいというのです。そこでコンサルティングをしてほしいと、私のもとにやってきたのでした。

しかし当時、歌舞伎町周辺のイメージといえばいわゆる「ラブホテル街」といったものでした。端的に言えば、「風俗業の延長の街」だったのです。

かつてこんなこともありました。会社員時代、上司と会食に出席するため、ＪＲ新大久保駅で降り、歌舞伎町方面へ歩いていました。すると、私たちがラブホテル街に入ったとたん、道路の辻々に立っていた女性がいっせいに逃げ出したのです。２人そろって黒い革のハーフコートを着ていたので、どうやら我々を警察官と勘違いしたようでした。

私にとっての歌舞伎町は、小学生のときは映画を観に行くたびに不良少年からカツアゲされた街であり、高校生のときは不良がたむろするディスコの街であり、社会人になってからは「ぼったくりバー」のような近づいてはいけない飲み屋がたくさんある街といったイメージでした。そのような街で、アパートやシェアハウスといった賃貸業が果たして成立するのか、はなはだ疑問でした。

ところが彼らは、「自分たちは歌舞伎町でずっと商売をしてきたので、この事業には自信があります。とにかく一度、見にきてくれませんか」と言うのです。そこで私は、かつてのように大久保駅から南下し、歌舞伎町へ向かうことにしました。

改札口を出た瞬間、そこに広がっていたのは、かつてとまったく異なる風景でした。平日の夕方４時ごろでしたが、駅へと入ってくる中高年女性の集団と、駅から街へくり出そうとする女子高生の集団で、とにかく大混雑なのです。歩道には人があふれ、思うように前に進めないほどでした。

私の知らない間に、私が「ラブホテル街」と思っていた歌舞伎町の北側エリアは、大きく変貌をとげていたのです。

街が変化した理由は、言うまでもなく『冬のソナタ』以降の韓流ブームと、K－POPスの流行です。かつてのコリアンタウンが、中高年女性と女子高生が大挙して訪れる「聖地」となったのです。そこはまるで、原宿にも似た賑わいがありました。

外国人観光客にも人気の街

それだけではありません。最近はインバウンドの影響で、多くの外国人観光客がこの街に宿泊するようになりました。海外でも有名な繁華街、歌舞伎町まで徒歩圏内という地の利が人気の理由です。

外国人からすると、眠らない街・歌舞伎町は、夜通し楽しめるナイトスポットです。しかも、真夜中に女性が歩いても（世界基準で考えれば）比較的安全で、彼らにとって治安が悪いという印象はありません。

もともと新宿には、新宿駅西口側の高層ビル街に有名な高級ホテルが数棟あります。しかし、こうしたホテルよりも歌舞伎町へのアクセスがよく、なおかつ宿泊費は当然ながら安いため、長期旅行者を中心にホテルの需要が高いです。

こうして歌舞伎町の北側エリアは、さらに国際色豊かな街になっていきました。ラブホテルの一部はまだ残っていますが、かつての「怪しい街」という印象は、ほとんど見られなくなりました。

結局、10年前に歌舞伎町周辺で賃貸経営を考えていた2人の若い経営者の発想は、間違っていないどころか大当たりだったのです。

現在では、一大ホテルチェーンの「アパホテル」が、歌舞伎町の内と外に何棟ものホテルを建設しています。ただ着想としては、彼ら2人のほうが何年も早く先を行っていたことになります。

世界でも類を見ない人口集積地である東京中心部においては、このようなダイナミックな変化が珍しくありません。不動産を長く見てきた私ですら、予想もできなかったことが起こっているのです。

インバウンドが地方の不動産と経済を救う

地方で起こっているある変化

こうした新しい潮流が起きているのは、東京中心部だけではありません。

ある夏、出張で訪れた熊本県のひなびた温泉街を歩いていたときのこと。自転車に乗った、2人組みの若い外国人女性から道を尋ねられました。聞くと2人はスイス人で、九州の海沿いを自転車で一周する旅の途中でした。

どうしてこんな田舎街に来たのか、最初は不思議でなりませんでした。しかし、よくよく考えてみると、次のような理由が浮かんできました。

まず、スイスは海のない国ですから、やはり海のある国に行きたいと思ったのではないか。また、若い女性が自転車で長期旅行をするのだから、治安がよい国でなければなりません。この二つの条件を満たす国はどこかと考えると、相当限られてきます。私は日本が一番よいのではと考えました。

この国は、旅人に対するホスピタリティの面でも優れており、特に地方にはまだまだ人の「情」がしっかりと残っています。実際、彼女たちと訪れた八百屋さんでは、ご主人が彼女たちにフルーツなどをプレゼントしていました。

彼女たちの自転車旅行は、風光明媚（ふうこうめいび）な九州の風景と、そこに住まう人々のおもてなしの心によって、きっと素晴らしいものになったと思います。

ほかにも熊本県では、こんな光景を目撃しました。滞在していた小さな漁港の沖に、巨大な豪華客船が現れたのです。

なんでも近年、中国や台湾からの豪華客船が、熊本県の八代港にたびたび乗りつけているのだそうです。観光客はそこを拠点にして、熊本、鹿児島などの観光地をバスでまわるのです。たしかに鹿児島県を訪れたときも、桜島の写真を撮る中国人観光客が大勢いました。

韓国からの観光客も増えています。長崎にある有名な商店街の売上の2割は、今や高速艇に乗ってやってくる韓国人観光客によるものだそうです。

中国、台湾、韓国などのアジアの国々にとって、東シナ海をはさんですぐそばにある九州は、まさに日本の「玄関口」です。今は飛行機ばかりでなく、船によっても多くの観光客が訪れているのです。

観光関連事業と不動産

こうした経験をふまえ、私は2018年、熊本県に民泊施設をオープンしました。ある種の実験でもあったのですが、想像よりも順調なすべり出しで、有名な観光地ではないのに、たくさんのお客さんが来てくださっています。

中国、台湾、韓国など、アジア圏のお客さんだけではありません。ドイツ、イギリス、フランスなど、ヨーロッパからのお客さんも増えています。

「この場所で、これだけのお客さんが来てくれるのなら、日本全国どこでもやっていけるのでは?」

そんな手応えを感じています。

実際、海外からの旅行者の数は、私たちが想像する以上に増加しています。2013年には年間1000万人だったのが、5年後の2018年には年間3000万人を突破したのです。

世界で一番、海外からの旅行者が多い国はフランスで、年間約8000万人が訪れます。近い将来、日本はそのフランスを抜くのではないか？　そんな大胆な予測をする人もいます。私は、その可能性は十分にあると考えています。

じつは日本には、私たちが気づいていない、しかし外国人旅行者にとっては非常に魅力的なスポットがまだまだたくさんにあります。伸びしろがあるということです。日本の産業の中で、数少ない伸びしろがある、つまりさらなる成長を見込める産業こそが、観光関連業なのではないでしょうか。

すでに銀座の有名百貨店では、日本語の案内表示より、中国語の案内表示のほうがはるかに大きく目立っています。それだけ見ると、どこの国の百貨店かと思うほどです。

しかし、それでよいのです。私たちの誰もが、経済に関わらずして生きていくことはできません。「イデオロギー」や「霞」を食べて生きていくことはできないのです。

とくに地方では、経済を復興するために、インバウンドをメインターゲットとした観光関連業を盛り上げることが不可欠です。それは熊本県の中でもとくに人口減少と高齢化が著しいエリアで民泊施設を運営している、私の実感でもあります。

インバウンドによって、その土地で多少なりとも「お金」がまわるようになり、経済が活性化していけば、ほかの産業の売上も増え、新たな雇用も生まれます。結果として、不動産の価値も上がっていくかもしれません。

私たち日本人は、まだまだ外国へのアピールが足りていません。民間も、地方自治体も、政府も、もっと外に向けてのＰＲを活発にしていく必要があるのではないでしょうか。

日雇い労働者の街が生まれ変わった

山谷地区に外国人観光客が押し寄せる

私は会社員時代、一般向けのファミリータイプと呼ばれる分譲マンションの用地の仕入れを担当したことがあります。東京23区内の土地を購入し、分譲マンションを建て、販売するという事業でした。

ところが、会社が用地の仕入れを躊躇(ちゅうちょ)するエリアが数か所ありました。「ここにマンションを建てましょう」と起案しても、稟議が通らないのです。

その一つが、南千住駅の南側一帯のエリアです。ここはかつて、「山谷(さんや)地区」と呼ばれていました。いわゆる日雇い労働者の街として有名なエリアです。ここには当時、「マンション分譲不可」という暗黙のルールのようなものがありました。

私は東京都出身ですが、業界に入るまでこの地域を訪れたことはありませんでした。初めて訪れたのは、約30年前の真冬でした。

印象に残っているのは、ボランティア団体が炊き出しを行なっていたこと。その炊き出しに、何百人もの人々が列をなしているのを見て正直、驚いたのを覚えています。真冬だというのに、道路に横になって寝ている人もたくさん見ました。1泊2000円前後の、木賃宿（きちんやど）と呼ばれる簡易宿泊所がそこら中にあるのも驚きました。

あれから四半世紀以上が経ち、この街は今、大きく変わろうとしています。外国人観光客が安く滞在できる街として、さまざまな国から人が押し寄せているのです。

先日、私がこの街を訪れたときは、金髪の若いカップルやアジア系の若い旅行者が、何人もキャリーバッグを引きながら歩いていました。周辺のコンビニエンスストアは、外国人観光客であふれ返っていました。

かつて、あれだけたくさん見受けられた日雇い労働者の方たちも、今では以前のように頻繁に見かけるということがありません。

なぜ、このような現象が起きたのでしょうか？　まず、かつての日雇い労働者の人たちの高齢化が進んだことです。現役をリタイアし、現在は年金や生活保護を受けながら、木賃宿に住民票を移して暮らしているそうです。その数は、現在でも数千人にのぼると言います。

外国人観光客が訪れる街へ

一方でこのエリアの最寄りである南千住駅は、東京メトロ日比谷線、ＪＲ常磐線、つくばエクスプレスの三つの路線が乗り入れています。都心までのアクセスが非常によく、そのため外国人観光客向けの宿泊施設が次々に誕生しているのです。

私が話をうかがった宿泊施設は、真新しい鉄筋コンクリート造りで、洒落(しゃれ)たミニホテルといった感じでした。

この宿泊施設も、かつては日雇い労働者向けの木賃宿でした。時が経ち老朽化が進み、建て替えようという話が出たとき、思い切って今までとは違う客層、つまり外国人観光客を狙ってリニューアルしたところ、それが当たったのだそうです。

広さは、他の木賃宿に比べれば若干広い3・6畳。共同のトイレとシャワー室がついています。宿泊者の7割が海外からの観光客で、残り3割が日本人の旅行者だそうです。

オーナーの方は、こんなことをおっしゃっていました。

「今の若い方は、山谷という言葉も、この街が舞台になった『あしたのジョー』も知らない方が多いんですよ」

つまり、外国人観光客はもちろん、若い日本人の旅行者もまた、街が持つ歴史を知ることなく、単純に「都心や上野や浅草といった観光地にも近くて、三つの路線が使える便利な街」という印象しか持っていないのです。

不動産業界に長く身を置いてきた私からすると、時代は変わったものだという感慨をおぼえずにはいられませんでした。

この街の10年後、20年後を考えると、すでに高齢化しているかつての日雇い労働者の人たちの存在は、さらに薄れていくことになります。代わりに、木賃宿と呼ばれていた簡易宿泊所が、次々と外国人観光客向けの宿泊施設へとリニューアルし、最終的にはさまざまな国籍の外国人観光客が滞在する、国際色豊かなホテル街へと変貌していくことになるでしょう。

今後もインバウンドの流れが止まることはないのは確実です。全世界中から大挙して、旅行者が押し寄せてくるはずです。その中にはリッツ・カールトンや、ペニンシュラや、帝国ホテルや、ホテルオークラに宿泊するような富裕層も存在します。けれども長期間、お金をかけずに日本に滞在したいという若い旅行者の需要を満たす施設は、こうした高級ホテルではありません。

そんな新しい需要を狙った宿泊施設が、かつて山谷と呼ばれた一帯に続々と誕生しているのです。その意味では、このエリアの不動産の価値は、将来において、決して暗くないと思います。

都心部の大規模再開発や、湾岸エリアの超高層マンション群の誕生にも、大都市・東京の大きな変化を感じます。しかし個人的には、まったく思いもよらなかったこうした地域で大きな変化が起きていることに、より大きなダイナミズムを感じるのです。

AIと不動産業

不動産業界にもAI導入の波

私はこれまで、四半世紀以上にわたって不動産業界に身を置いてきました。しかし過去を振り返ってみて、この業界で起こった革新的な出来事といえば、「不動産の証券化」くらいでしょうか。いまだに不動産業界は、オールドエコノミーなのです。

最近、ファイナンス（金融）とITを融合した「フィンテック」ならぬ、不動産とITを融合した「不動産テック」といった言葉を聞くようになりました。「不動産テック」の看板を掲げて上場した企業も、数社ありますが、「これが不動産テックなのか！」と目をみはるほどの革新的なサービスは、残念ながらまだ見受けられません。どの企業もまだ、本質的な意味での「不動産テック企業」とは言いがたいように感じます。

ましてＡＩ（人工知能）となると、言葉だけは飛び交っているものの、不動産業とＡＩが融合した事例は今のところやはり見受けられません。

しかし他業界や周辺の業界では、確実にＡＩの導入は進んでいます。私自身も、ＡＩの実力に驚いた経験があります。

突然、宿泊料が2倍になった理由

先述したように、私は熊本県の田舎街で民泊施設を運営しています。あるとき「Airbnb」や「Booking.com」といった宿泊予約サイトを見ていると、自社の民泊施設の宿泊料が通常の2倍以上に跳ね上がっていました。通常の宿泊料は2名で約1万7千円ですが、ある時期だけ4万円以上まで上昇していたのです。

なぜ急に、宿泊料が2倍以上に上昇したのでしょうか。じつはその日、民泊施設の近くで、あるロックバンドの野外ライブが行なわれることが決まったからなのです。

もしもサザンオールスターズや松任谷由実さんがコンサートをするのならば、事前にその情報をキャッチして、宿泊料を上げることは可能でしょう。しかし、そのロックバンドはごく一部で人気が出始めたばかりのバンドです。熊本県の田舎町で一夜限りのライブを行なうという情報は、ファンしか知らなかったはずです。

とはいえ、人口数万人の田舎町に、そのライブをめがけて相当数の観光客が訪れるとなれば、地元の宿泊施設の需給バランスは当然、崩れることになります。

つまりＡＩは、小さな田舎町に起こりうる事態を予測し、その地域の民泊施設の宿泊料金を大幅に上げていたのです。私はこのとき、初めてＡＩというものの実力を少しだけ理解することができました。

「Airbnb」や「Booking.com」といった宿泊予約サイトの宿泊料金は、ＡＩの判断で刻々と変わります。週末や夏休みなどのハイシーズンは当然、通常より高い料金で取引されるのだろう、というレベルまでは理解していましたが、この「一夜の出来事」による大幅な価格の変動には正直、驚きました。

これがまさに、「ダイナミックプライシング」と呼ばれているものです。ダイナミックプライシングとは、その時々の需給に応じて価格を変動させる仕組みのこと。需要が多い場合は、価格を上げてより高い収益を確保する。需要が少ない場合は、大幅に価格を下げることで、利益の最大化をはかるのです。

このように、「Airbnb」や「Booking.com」は、ＡＩによるダイナミックプライシングを採用している点で、既存の宿泊予約サイトとは大きく異なります。全世界の何万にも及ぶ施設の宿泊料を、常に最適化するべくＡＩが変動させているのです。

ＡＩによるダイナミックプライシングが導入されているのは、宿泊予約サイトだけではありません。飛行機チケットの予約サイトの運賃や、スポーツやコンサート予約サイトチケット料金などにも使われています。さらに今後、高速道路や駐車場の料金、タクシー料金などにも応用されようとしています。

AIは人間の仕事を奪うか？

銀行業界では、銀行員の仕事が今後、ＡＩに奪われていくと言われています。実際、シンガポールの先進的な銀行では、すでにフロントには人がいないそうです。銀行の行員の方たちが戦々恐々としている様子は、不動産業界にも伝わってきています。

では、不動産業界も同様に、ＡＩに仕事を奪われていくのでしょうか？　少なくとも物件の販売価格を決定する「値決め」には、ＡＩが大きく関与するようになるでしょう。

過去の周辺物件の売買事例、現在の周辺物件の売れ行き状況、経済指標、防災マップ、地価動向、クチコミサイトのコメント、人口の推移、少子化率、高齢化率、犯罪発生率、進学率、株価……。ＡＩがあらゆるデータを取り込み、学習し、判断していくのです。近い将来、毎年のように大量に売り出されるマンションや戸建て住宅の価格を、ＡＩが決めていくことになるかもしれません。

売買事例など多くのデータを蓄積している大手仲介会社なら、それほど難しいことではありません。実際、ＡＩまではいかないものの、すでにＩＴを駆使した試みは一部で始まっています。

消費者サイドもまた、ＡＩの恩恵を受けることになるでしょう。不動産の買値や売値が適正かどうか。最高価格をどこまで追求できるか。そうしたことを、おそらくＡＩが判断できるようになることでしょう。

もしＡＩによって、不動産価格や賃料の「適正価格」が正確に導き出され、売買に必要な契約書、重要事項説明書もＡＩが作成するようになったら、不動産会社が今のままの形態やサービスで必要とされ続けるとは思えません。

実際に、買い手と売り手、あるいは貸し手と借り手のマッチングは、他業種で広く行なわれています。ＩＴを得意とする不動産業以外の企業が、技術的にはすぐにでも代行できるでしょう。不動産版「Airbnb」や「Booking.com」のような企業が出てきて、「売主」や「貸主」と「買主」や「借主」をＡＩによって適正価格で結びつけ、サイト上で取引の多くが完結してしまうような時代が来るかもしれません。

宿泊予約サイトが、旅行代理店の役割と仕事を奪ったように、不動産業界でも同じようなことが起こりうるかもしれません。

中には、「不動産業界は扱っているものが高額で、しかも権利関係や法律が複雑だから、ＡＩが仕事を奪うなんてことは起こらない」と反論する人もいるでしょう。しかし、そんな悠長なことが言えなくなる時代が、すぐそこまで来ているように感じます。

CHAPTER 8

未来をとらえる不動産企業の視点

特別インタビュー

- ■ 勝瀬博則　OYO LIFE　CEO
- ■ 中村真広　株式会社ツクルバ　代表取締役CCO
- ■ 長谷川拓磨　いちご株式会社　代表執行役社長

供給過剰
不動産マーケットと
革新的新サービスの出現

特別インタビュー ❶

勝瀬博則
OYO LIFE CEO

1964年徳島県生まれ。米国ミシシッピ州立大学MBA取得後、ボストンの通信ベンチャーUNIFI Communicationsに入社。IT、サーチエンジン、ベンチャーキャピタル、ヘルスケア領域のクロスボーダー事業のインキュベーション、事業立ち上げに携わる。2015年Booking.com日本、韓国統括に就任。2017年handy Japan株式会社代表取締役社長に就任。2018年12月より現職。

OYO LIFE会社概要

テクノロジーを活用し、スマートフォン一つで物件探し、契約や支払いのインフラ整備まで一気通貫のサービス提供。家具家電つきの部屋が豊富に揃い、公共料金・Wi-Fiなどの通信費など基本的なアメニティが含まれているほか、検索しづらい物件情報、複雑な手続き、2年契約の縛りや敷金礼金など、今までの賃貸物件を借りる際に発生する課題を解消した賃貸住宅型サービスを展開。

賃貸住宅でもホテルでもニーズは同じ

――不動産をとりまく環境が大きく変化しておりまして、とくに地方に行けば空き家、少子高齢化、人口減少、人口流出で「日本は大丈夫かな」と思うことが多くなりました。そうした中で、なかなか新しい動きが見えないところに、御社が不動産業界に参入をされてきまして「これは、何か面白いことが起きそうだな」と、今回お時間をいただいた次第です。今日はよろしくお願いいたします。

勝瀬　こちらこそよろしくお願いいたします。

――ＯＹＯさんといいますと、元来、私の中では「不動産」というよりも「ホテル」の会社というイメージが強くて、以前にラジオで御社について解説を頼まれた際にも、将来的にはインドや中国で展開されているホテル業を、日本でも展開されていくのではないかというようなことを申し上げたのですが、その辺はいかがでしょうか？

勝瀬　長谷川さんはＯＹＯがホテルの事業者もしくはそれがメインだと考えていらっしゃると思うのですが、ＯＹＯは自社のことを「ホテルの会社」と言ったことは一度もありません。我々は不動産の会社です。

――そうなのですね。となると私の認識が違っていたということですね。

勝瀬　長谷川さんは賃貸住宅とホテルって何が違うと思われますか？

――二つは極めて近い部分もありますが、法的に申し上げれば、旅館業法において1か月以上か未満かというところが一つあるかなと思いますが。

勝瀬　今二つは極めて近いとおっしゃいましたが、まさにそのとおりで、基本的にホテルも賃貸も不動産ですよね。ですから、Airbnbが出たときに、賃貸不動産を民泊に、つまりホテルに変えてしまうことができたのです。そしてここで刮目すべきは、じつは賃貸不動産とホテルには差がないということです。じゃあ、ホテルは住宅になりうるのかといいますと、最近ですと堀江貴文さんがホテルに住んでいらっしゃいますし、昔だったら映画評論家の淀川長治さんのような方はずっとホテルに住んでいた。つまり、ホテルを住宅にしていたわけですね。その場合、ホテルの一室を住民登録することができます。

——ただし、ふつうのお宅を勝手にホテルにしてしまうと、これは法律上の問題になるということですね。それが違法民泊の騒動だったと。

勝瀬　いずれにしても言えることは、ホテルと賃貸不動産は両方とも土地があって、床があって壁があって屋根があると、つまり、不動産としては差がないと思っています。これが一つ目です。

我々はOYOのミッションを「クオリティーリビングスペースを提供する会社」と定義しています。どういうことかというと、それは三つの要素でできています。それは「よいロケーションに」「快適な空間を」「できるだけ安いコスト、賃料」で提供するということです。これをホテルに当てはめて考えてみましょう。宿泊者は絶対よいロケーションのホテルを探しているはずですし、できるだけ快適なお部屋を探しているはずです。そして、できるだけ安い値段で探しているはずです。

賃貸住宅を探しているときにも、同じことが起きています。できるだけよいロケーションで、できるだけ快適な、できるだけ安い値段で探しているはずです。ということは、基本的にはホテルも賃貸住宅もお客さんの基本的なニーズは同じということになります。

供給過剰不動産マーケットの始まり

——もともとあるお客さんのニーズは同じなのにホテルと賃貸不動産は、かなり形態が異なってしまっていますがこのあたりはどのようにお考えですか?

勝瀬　まず大きく考えられるのは、法律の問題です。しかし、もっと根本的な話をしますと、需要と供給の話になります。

まずホテルの話からですが、ホテルというのは、ほぼ恒常的に供給過剰になっています。

世界中のホテルはだいたい稼働率が60～65パーセントと言われています。つまり、35パーセントの客室は今日も空室です。お客さんが1日ずつしか利用しない（住まない）ということは、毎日毎日新しいお客さんを連れてこなければならない。お客さんを連れてくることが非常に大変なマーケットなんです。しかし、賃貸住宅よりは一室あたりの利益が高いので、景気がよくなると新しいデベロッパーさんは、ホテルをばんばん建てます。利回りがいいからです。景気がいいとばんばんホテルが建つ。景気が落ち着くと空室で困る。これがホテルのマーケットです。

――たしかに、2020年の東京オリンピックがあることもあり、今ホテルをどんどん建てていますね。「東京オリンピックが終わったら空室リスクが」という話もずいぶん出ていますけど。

勝瀬　まさしくそのとおりで。ホテルの場合は「7年間は空室に困って、2年間は部屋が埋まっていい時期がある」なんて言われ方をされることもあります。

では、翻って賃貸不動産はどうでしょうか。賃貸不動産は戦後70年間ほぼずっと右肩上がりで業界が下がったことはありません。なぜかと言うと、そこに人が住んでいるから、つまり、日本国民の数が増えれば必ず住宅が必要になるからです。
ホテルだったら、堀江さんのような例外をのぞいて、そこに人が住んでいるわけではないので、当然供給過剰になる場合もありますよね。一方で、賃貸住宅の場合は人口が増えている間、必ず供給不足になります。

――ところがこれからは、という話ですね。

勝瀬　おっしゃるとおりです。10年前に初めて日本では人口減少が始まりました。2019年は30万人の人口が減少しています。2020年の東京オリンピック以降の5年間で約280万人減るだろうと言われています。そして、すでに800万戸以上の空き家があると言われています。
これはどういうことかと言いますと、**日本が供給過剰の不動産マーケットに入ったということです。これは世界で初めてです。**

不動産の在庫管理がカギになる時代

――供給過剰の不動産マーケットでは、どのようなことが起こるとお考えですか？

勝瀬　これもホテル業界で起きたことを見るとよくわかります。ホテル業界では、供給過剰マーケットでお客さんを勝ち取るためにＩＴ化を進めました。

覚えていらっしゃるかもしれませんが、ほんの20年前までは旅行しようとしたら、ほとんどの場合ＪＴＢなどの旅行代理店に行って、航空券、ホテルの予約など、さまざまなものをカタログで対面販売していました。しかし、この供給過剰マーケットにインターネットが出てきたことで、中抜きが始まります。こうして出てきたのが、Booking.comやExpedia、日本だと楽天トラベル、じゃらんです。これが供給過剰のホテルのマーケットでインターネット販売が隆盛した理由です。

――たしかに、今やホテルや航空券の予約はインターネットが主流ですし、大手旅行代理店の経営の悪化のニュースなども聞くようになりましたね。

勝瀬　ＩＴ化においてとくに重要だったのが、在庫の管理です。現在は、ほぼすべてのＯＴＡ（インターネット上の旅行代理店）とホテルが在庫を電算管理しています。これはどういうことかと言いますと、たとえば品川プリンスホテルの５０８号室が空いているとなると、その情報はプリンスホテルだけでなく、すべての旅行代理店にほぼリアルタイムでシェアされます。そして彼らはその在庫を売ることができるのです。逆にそれが誰かに売られて売り止めになったとすると、ふたたびその情報がシェアされ、どこの代理店も販売をストップします。そうすることで、大量に余っている在庫をほぼリアルタイムで在庫管理しながら販売しているのです。

——なぜホテル業界はこのようなシステムになったのでしょうか？

勝瀬　それは、供給が過剰で買い手が強いマーケットでは、ダブルブッキングが起こってはまずいからです。かつてのように、旅行代理店がお客さんに「確認します」と言って電話を切って、ホテルに確認をしてみたら部屋がまだあったので、それをお客さんに伝えようと電話をかけなおしている間に、見つけた部屋が他のお客さんに売られているかもしれません。そういうダブルブッキングのリスクが非常に高くなる。

Amazonが自社であれだけ大きな倉庫を持って販売をしているのも、ダブルブッキングや在庫不足をなくすためです。これはなぜかと言うと、Amazonが売っている商品も基本的には希少価値がある商品ではなくて、供給過剰なものだからです。「売らなきゃいけない」ものは、ちゃんと在庫管理をして販売しないと、必ず売れ残るのです。

——不動産マーケットをホテルのマーケットと比較すると、供給過剰になる不動産マーケット課題が見えてくるということですね。

勝瀬　そうです。今までの賃貸不動産マーケットは、供給不足で非常に貸し手が強かったので、ホテル業界のようなことをしなくてもよかった。それどころかあまりに貸し手が強かったので、国が借地借家法をつくりまして、大家さんが店子を勝手に蹴りだすことを実質的に禁止してしまいました。そうなると大家さんは悪いスパイラルに入ります。とにかくちゃんと賃料を払ってくれる人以外は入れたくない、ということになるわけです。旅館業法ではまったく反対で、「泊まりたい人を泊めないこと」は法律違反になります。ところが、賃貸不動産の場合は、大家さんが例えば、「この人のクレジットスコアが悪いから」といった理由で部屋を提供しないことが起きえてしまいます。

その結果、流動性が悪く、在庫管理のできていないマーケットができてしまいました。レインズ（Real Estate Information Network System）という情報システムはありますが、在庫管理システムではありません。こういった意味で、不動産は非常に電算化に不適切なマーケットができてしまったわけです。

リアルタイムで情報を受け取ることができない。リアルタイムで在庫管理もできていない。だけどこのマーケットはホテルに比べると10倍以上の規模があります。ホテルのマーケットは日本では1兆2000億円と言われていますけれども、賃貸不動産のマーケットは12兆あると言われています。

ＯＹＯのホテル運営のノウハウを不動産という分野で利用できるということは強みです。日本の巨大な賃貸不動産マーケットが、初めてホテルと同じように供給過剰なマーケットになり、つまり、今までのように大家さんが非常に強かったマーケットから、借りる側が

非常に強い、ホテルのマーケットと似たマーケットが出現するとき、ＯＹＯの提供する仕組みは大家さんにも居住者さんにも喜んでいただけるサービスとして認知していただけるのではないかと期待しています。

東京中心部は大レッドオーシャン

――先ほど、日本の賃貸不動産物件が初めて供給過剰になるというお話が出ましたが、一部には、東京都心部であれば、今後も供給過剰の状況を避けられるのではないかといった意見もあるのですが、そのあたりはどのようにお考えでしょうか。

勝瀬　日本のすべてのマーケットが同じかといったらそうではないんです。東京の中心6区、港区とか中央区は、ここしばらくは供給過剰にはおちいらないでしょう。日本中の人たちがそこに集中していますから。ところが、そこからちょっとはずれたマーケット、地方マーケットとなると、そこは非常に厳しい供給過剰マーケットになっていると思います。

ただ、東京都心部のマーケットが、デベロッパーさんにとって本当によいマーケットかというと、私は必ずしもそうは思っていないんです。なぜかと言うと、私はこの会社を始めるにあたって100社以上の会社の社長さんとお会いしたのですが、みなさんに「人口減少、供給過剰のマーケットになりますよ。御社の戦略は何ですか？」と聞くと、ほぼ100人がよいロケーション、つまり東京の中心部に土地を仕入れて販売するとおっしゃるんです。東京の人も名古屋の人も秋田の人も、すべての人がそうでした。ということは、これは東京中心部が大レッドオーシャンになるということです。

――デベロッパーが「自分のマーケットがダメだから東京の中心部に行く」といって、みんなが東京の中心部に建てるとなると、土地の仕入れのコストも上がりますね。

勝瀬　そのとおりです。今後、人口減少で建設費用も上がりますし、建てることはできても借りる人がいるのか。つまり、賃料が非常に高額になる可能性もゼロじゃありません。もしくは、ものすごく狭小なマンションが非常に高い値段で販売されるということもありえるかもしれません。

ですので、私が言っていることはすべてのマーケットに当てはまるわけではないですが、**日本のおそらく80パーセント以上のエリアでは供給過剰におちいると考えています。そうなると、在庫管理が必要になり、借りる人が強いマーケットでは、インターネットで簡単に選ぶことができてそこに入居できる仕組みで、そしてそれが比較的安い値段で提供されるようなサービスが必要とされると考えています。また、そのようなサービスが既存の貸し方というのを駆逐していくんじゃないかと思っています。**

——本書でも書いたのですが、東京でも郊外に行きますと、勝瀬さんもご存じのとおり、空き家ばかりです。仕事がら、私はそうしたところに物件を持っていらっしゃる大家さんの相談に乗ることも増えてきました。

そこで、御社のホームページを見ますと、現在（2019年9月時点）は比較的山手線の内側、もしくはその周辺部、もしくは城南城西の比較的いいところの物件が多いと思うのですが、先ほどまでの話の流れでいくと、今後はもう少し郊外の、本当に大家さんが困っているエリアにも進出される予定はあるのでしょうか？

勝瀬　はい、もうすでに進出はしております。2019年の3月にビジネスをスタートして、はじめの2か月、4～6月の途中までは中心部の物件を中心的に仕入れておりましたけれど、そこからは東京の中心部ではないエリア、しかも10万円以下で我々が仕入れてお客様に提供できるエリアも増やしています。たとえば神奈川だったら平塚のあたりまでになります。

――なるほど、そうなんですね。やはり困っているところに需要があるもので、私から見ても大家さんが、自分の賃貸物件がなかなか埋まらないで困っている状況を多々目にしておりますので、郊外や地方でやられる意義っていうのは非常に大きいのではないかと思います。

それから需要という話で言いますと、いわゆる郊外ではありませんが、先日、台東区の日本堤、昔は山谷と呼んでいましたが、日雇い労働者の街がありまして、そこでホテルを経営している3代目のオーナーが、民泊を自分でもやりたいというので会いにうかがいました。ホテルのお客さんのことをお聞きすると、「9割が外国人で、1割が日本人」という話で1割の日本人は若い人がほとんどという話でした。

私のように何百人、何千人と日雇い労働者がいた、かつての山谷の風景を知っている人間からすると、三ノ輪とか日本堤とか南千住のエリアに、今の若い人がふつうにワンルームを借りて、住んでいるというのが、ちょっとびっくりしました。

勝瀬　もう少し昔の話をしますと、今の小伝馬町とか馬喰町のあたりの東日本橋地区にも、貧民街がありました。江戸時代の話ですから、わずか１００年ちょっと前です。おそらく、現在住んでいる人のほとんどはそんなことはご存じないと思います。それから、もう少し最近の話をすると、大阪の釜ヶ崎に星野リゾートさんが進出するなどというのも、そういうことかもしれません。これまでの常識が常識ではなくなってくるということです。

ＡＩが不動産マーケットに与える影響

――そう考えると新しいマーケットというのは、まだたくさんありそうですね。

話は変わりますが、私の中で「ＯＹＯはＡＩの会社」というイメージを持っているのですが、今後、御社が賃貸市場を開拓するうえで、ＡＩをどういった形で使われていくのかをおうかがいできればと思います。

勝瀬　先ほどクオリティーリビングスペースの三つの要素の話をしました。「よいロケーションに」「快適な空間を」「できるだけ安いコスト、すなわち賃料」です。重要なのはこの順番です。

まずはじめに、「よいロケーション」。人によって基準はいろいろあるかと思いますが、まずＯＹＯ ＬＩＦＥはロケーションに主眼を置いています。その次にくるのが「快適な空間」です。我々の仕入れたお部屋が、お客さんにとって快適でないといけない。そのために家具を入れたりですとか、必要があればリノベーションしたりだとか、ＩＯＴの仕組みを入れたりだとか。さまざまな形でその魅力を高めていきます。

そして最後にくるのが、それをどのようにお客様の納得できるプライスで売るのかということです。そして、ＡＩは、この三番目のところにとても関わってきます。

ただ、まだＡＩを取り入れるのは時期尚早と考えています。なぜなら、はじめの二つが十分に達成されていないからです。はじめの二つができていない状態でＡＩプライシングを入れたところで効果的には動きません。大量に物件をお貸しするうえでは、どんな商品を売ったらお客様が喜んでくれるのか、どんなサービスでなければお客様のコンヴァージョンが下がるのか、というデータを入れたうえでそれを機械学習させて、自動的にプライシングをするということが必要になってきます。

――ダイナミックプライシング（160ページ参照）という面ではいかがでしょうか。

勝瀬　**将来的に不動産マーケットも必ずダイナミックプライシングになると思います。むしろ、ならざるをえない。なぜかと言うと、供給過剰だからです。**供給不足の市場でダイナミックプライシングを導入する理由は一つもありません。むしろ邪魔です。そんなことしなくても売れるわけですから。ですが、売れないモノを売るときにダイナミックプライシングというのはとても効果的です。

――価格を思い切り下げるということもダイナミックプライシングですからね。

勝瀬　たとえば「この部屋は一か月間埋まっていない」となると損切りの形になります。株と一緒ですね。株式を売買するディーラーのＡＩ化も今進んでいて、ゴールドマン・サックスに６００人いたトレーダーが２人になったらしいですけれども。彼らは常に儲けているかというと、そうではなく、自動的に損切りもします。なので、株をどのタイミングで買い、どのタイミングで売るかというのも、ダイナミックプライシングとほぼ一緒です。

——価格的なアップサイドを追求することだけがダイナミックプライシングということではなく、今おっしゃった例で言えば、郊外や地方でアパートやマンション経営していて、物件が全然埋まらない場合、これは大家さんからしたら大変なことですから、そうなると賃料が安くても貸したほうがいいよねという話になる。こういった場合に賃料を下げていって、現実的かつ成約可能な価格を探っていき、少しでも利益をとるということが、起こるということですね。そういった、**大家さん受難の時代であるがゆえに御社の活躍の場があり、大家さんともうまくやっていけるという見方でよろしいでしょうか。**

勝瀬　おっしゃるとおりです。

ただし、値段を下げるだけならＡＩじゃなくてもできます。それに加えてＯＹＯ ＬＩＦＥができるのは、値段を下げるだけではなく、大家さんにさまざまなセーフティネットを提供できるということです。

一つ目は、ＯＹＯ ＬＩＦＥが借りている物件はサブリースモデルで運営しておりますので、ＯＹＯ ＬＩＦＥが高く売ろうが安く売ろうが、あるいはお客さんが入居していようがいまいが、大家さんに入る賃料は同額です。大家さんにとっては、ファイナンス的なデメリットは非常に少ない。しかもソフトバンクが出資している法人が、お部屋を借りて、たとえば10室あったら全部借りるわけですから、大家さん側としては大変安心です。

また、例えばＯＹＯ ＬＩＦＥなら12月から2月までは、空室になっている部屋を、ダイナミックプライシングで3か月間は5万円で販売し、3月のピークタイムには10万円で売るというようなことも可能になります。

ダイナミックプライシングだけではなくて、ダイナミックプライシングにして利益が出るような、借りるリーシング・スキームと、お客様に貸すリーシング・スキームの両方を持っているというのが、ＯＹＯ ＬＩＦＥの大きな強みです。

——先ほども申し上げましたとおり、郊外とか地方の場合、物件がなかなか埋まらない現状がある中で、御社がある程度の家賃収入を保証してくれるのであれば、大家さんサイドに立って言えば、ありがたいビジネスモデルですね。

勝瀬　我々は業界第1位になりたいと思っていますが、今業界内で1番大きいリース物件を持っていらっしゃるのは、大東建託さんです。およそ103万室をお持ちです。実際、**それを抜こうとなると、100万室以上のものを我々はやらなければなりません。今は都心で何千室か持ってはいますけれど、それは100万室から考えれば1パーセント以下程度です。我々が伸びるのは、おそらく郊外です。都心がレッドオーシャンだとすれば、郊外はブルーオーシャンだと思っております。**

——お話をうかがって、これからの不動産マーケットにおけるOYO LIFEさんの本質的な存在意義と、郊外や地方というものが持つ可能性についても明確になりました。ありがとうございました。

ITと
デザインの力で
家の回転数を上げる

特別インタビュー❷

中村真広
株式会社ツクルバ　代表取締役CCO

1984年千葉県生まれ。東京工業大学大学院建築学専攻修了。建築家 塚本由晴氏のもとで学ぶ。不動産デベロッパーの株式会社コスモスイニシアに新卒入社、その後ミュージアムデザイン事務所にて、デジタルデバイスを活用したミュージアム展示や企画展などの空間プロデュースを経験。環境系NPOを経て、2011年8月に株式会社ツクルバを共同創業。代表取締役CCOに就任。

株式会社ツクルバ　会社概要

「『場の発明』を通じて欲しい未来をつくる」というミッションのもと、デザイン・ビジネス・テクノロジーを掛け合わせた場のデザインを行っている。主な事業として、ITを活用したリノベーション住宅の流通プラットフォーム「cowcamo（カウカモ）」事業、シェアードワークプレイス事業「co-ba（コーバ）」などを展開中。

不動産におけるテクノロジー活用

――冷静に統計資料を見ると、生産年齢人口が今後減っていきます。10年~20年くらい前はデベロッパーの社長なんかも、団塊ジュニア世代が30代にさしかかるということで「これから黄金時代が来る」と言っていましたが、実際には、よく不動産と比較して取り上げられる、車もだんだん売れなくなってきています。私などからすると厳しい市況だと思ってしまうのですが、この大きい流れの中で、御社は新しいことに挑戦されようとしています。御社がこの市況をどのように見ていらっしゃるのか、また今後どのように生き残っていこうと考えていらっしゃるのか、その辺をおうかがいできればと思っております。本日はよろしくお願いいたします。

中村　よろしくお願いいたします。

――まず御社が展開するｃｏｗｃａｍｏの特徴についてお聞きできればと思います。ＩＴ

図3

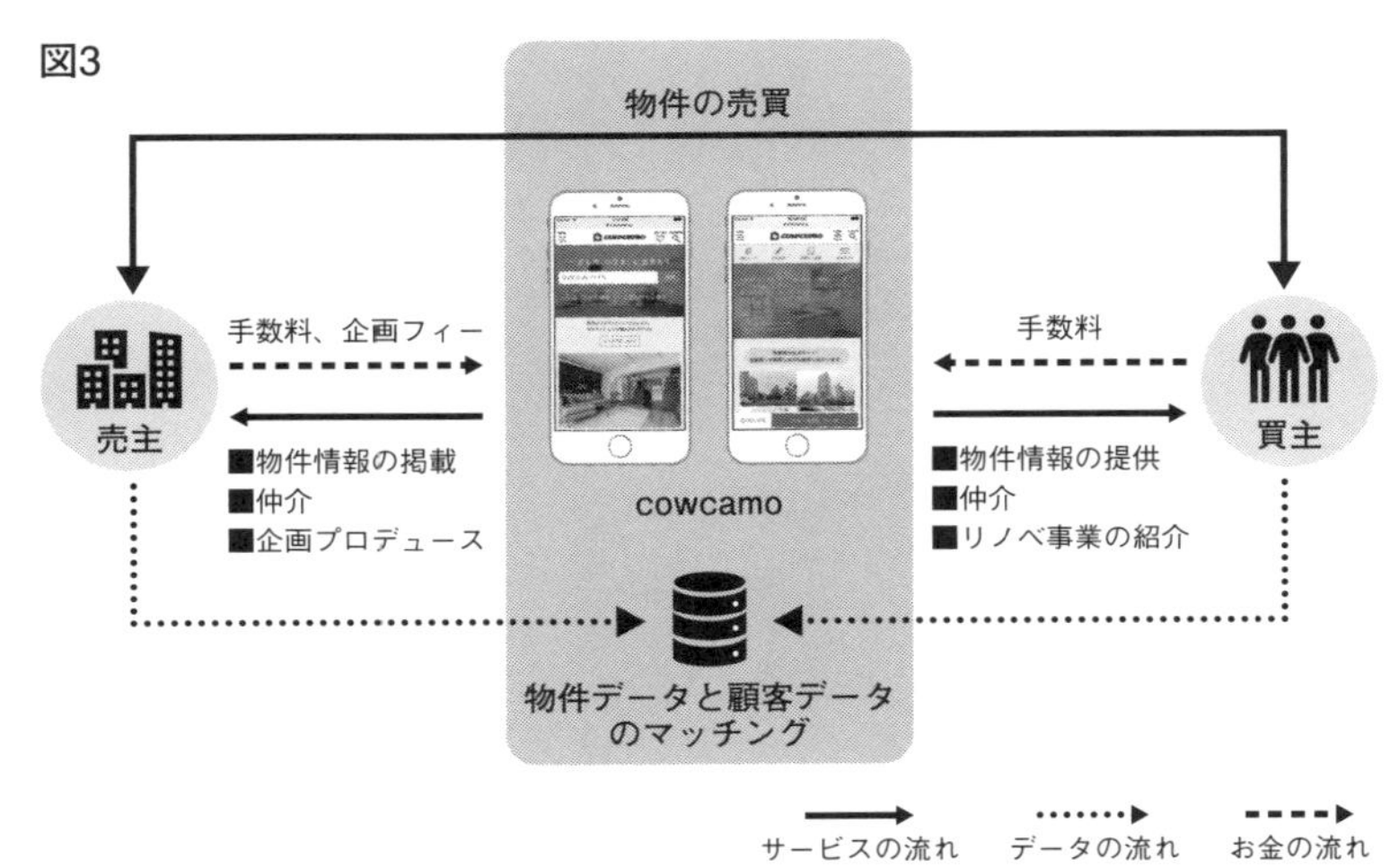

cowcamoの中古住宅流通プラットフォーム

を活用した中古・リノベーション住宅をメインにした流通プラットフォームであるということはわかるのですが。

中村　おっしゃるとおり、cowcamoは中古・リノベーション住宅の売主さんと買主さん、それぞれのマッチングのプラットフォームです。弊社は買主さんの側ではメディアとエージェントを行ない、売主さんの側では、物件情報の掲載、企画プロデュース、コンサルティングなどを行ないます。弊社のサービスの中で一気通貫してUX（ユーザーエクスペリエンス）をつくるというのが特徴になります。

――その中で、御社の場合、テクノロジー、ビジネスオペレーション、デザインという三つを強みとしていらっしゃるということで、中でもテクノロジー、不動産におけるＩＴ活用についてうかがいたいのですが。これは、具体的にはどういった活用になるでしょうか。価格的なアプローチで使われるのでしょうか？

中村　いえ、価格的なアプローチだけではなく、買主さん売主さんの両面で、かなり多面的にテクノロジーを活用しています。

買主さんの側で言いますと、ｃｏｗｃａｍｏのアプリをお客様が落としていただいた中で、ご自身の欲しい物件のデータや、価格帯、年収、希望のエリアやテイストといった趣味嗜好の部分まで、さまざまなデータがここに蓄積されていきます。大きなところですとＳＵＵＭＯさんが新築のマーケットデータをかなりお持ちですが、弊社もリノベーションのマンション、中古のマンション、というものに特化した顧客データをこれまでずっとつくってきました。テクノロジーの力によって、これまで獲得できなかったデータが手に入るようになってきた一例かと思います。加えて、今後は買主さんの趣味嗜好と合うようなものが、自動的にリコメンドされるとか、そういったことも、テクノロジー活用の一環としてより強化してやっていきたいと思っています。

次に売主さん、つまり再販業者さん側でのテクノロジー活用についてですが、再販事業者の方々は、傾向としてクラシカルな不動産業をやっていらっしゃる方が多いのが実際です。

たとえば、物件の仕込みの際に、仕込みがうまいバイヤーの方もいれば、ビギナーの方もいますし、業務自体もデータではなく長年の勘といったものに頼りがちで属人的な部分があります。また、マーケットに関しても、中小の業者さんですと、人員が足りず十分なマーケティングができなかったり、リノベーションデザインの流行についても追いかけづらいといったことがあります。

私たちは再販業者さんを一緒に業界を盛り上げるパートナーだと思っていますので、そういうときに私たちをうまく使ってくださいと言っています。うちで売れた売れないにかかわらず、顧客の成約データをしっかり蓄積しているので、どういった物件が今売れているのかをふまえながら、再販事業者の方々に物件のコンサルティングをしています。

たとえば、青山のこのエリアでこの価格で仕込むならこういうテイストでとか、こういうファミリータイプでつくっていくと顧客も一定の母集団がいますよ、といったことをお伝えしながら、一緒に商品をつくっていくことができるわけです。これが売主さん側でのテクノロジー活用です。

――当たり前ですが、500万円かけてリノベーションする場合と、1000万円かけてリノベーションする場合ではできることが全然違いますよね。その辺はやっぱり売れる価格の上限値を超えないようコンサルティングをされるわけですか。

中村　そうですね。多少の振れ幅がある中で、ある程度リッチにつくってもこのエリアなら買主さんがいるだろうといった判断は、まさにマーケティングの領域です。とにかく新築っぽいリフォームだけやってそれをマーケットに流すのではなく、ちゃんとかけるべきところをかけても売れますよ、といったバランス感覚を持てるのは、データがあるからこそです。

――なるほど、価格面だけではなく、買主さん売主さん双方に対してテクノロジーの活用の側面があるということですね。

中村　もう一点、先ほどエージェントとお伝えしましたが、このエージェントの部分は、物件仲介など属人的になりがちなのですが、その点に対して業務支援ツールとしてテクノロジーが力添えをしているところがあります。

たとえば、タクシー業界ですと日本交通さんがＪａｐａｎＴａｘｉという会社をつくられて、敏腕運転手さんもいればビギナー運転手さんもいるという中で、運転手さんの個々の業務の底上げをテクノロジーでやられています。

弊社でも同じようなことを、エージェントの業務フローに特化したオリジナルのツールをつくってやっています。これによってＣＲＭ（Customer Relationship Management）のような顧客データベースで営業を円滑にまわしていくことができます。この辺が社内オペレーションの中でのテクノロジー活用になるかと思います。

業界全体がまだまだサイエンスできていない

――マーケティングは、中小の企業ですとなかなかやれないですから、勘とかに頼りがちだと私も感じます。今後さらにデータを蓄積すればするほどその確度が高くなるという感じでしょうか？

中村　それこそデータの物量がものを言う世界ですので、我々が存在してこのサイクルをまわす限り、より強固になっていくっていうところが強みです。不動産の再販事業者の方は先ほども言ったように中小規模の会社が多い中で、自社販を持ってる方々もいますが、大半の方々は販売力の点で大手の流通の仲介事業者の人たちに頼るようなことが多く、それでもなかなか決まらないというのが実情です。

我々の場合、登録会員ユーザーが10万人以上いらっしゃいますので、そのリノベーションマンションに特化したユーザーさんたちに、ちゃんと情報をお届けして、ちゃんとリアクションが返ってくるというところが一番の強みです。

不動産業界全体が、まだまだサイエンスできてない部分があると思っているので、我々としては、ゴールドラッシュのときに金山に掘りに行く方々と、それを支えるツルハシ屋さんであったりとか、リーバイスのようなジーンズ屋さんであったりとか、そういうパートナーのような関係性になれればと思っています。

――次に取り扱っていらっしゃる物件のエリアについてお聞きしたいと思います。アプリやサイトを見させていただくと、やはり都内の、人気のある非常にいいエリアでやられていますね。戦略的な部分もあるし、世間の需要ということもあると思うのですが、今後エリアを広げられる可能性について、どのようにお考えですか？　神奈川、千葉、埼玉などはどうでしょうか。

中村　そこまで広げうるとは思っていますが、まだまだ東京中心です。今は区部だけではなくて、市部も含めて広がってはいますけれど、ご存じのとおり首都圏のマーケットが一番不動産の流通量が多いですし、我々はコンテンツも含めて一気通貫でつくっているので、ただ地方の仲介だけをすればいいというわけではなく、そのエリアや物件のことまでしっかり取材をしていく必要があります。そのことを考えると、むやみに広げるよりも、まずは集中と考えています。

スペック評価で消費者が動く時代が終わりにきている

——次にデザインの面でお話をうかがいたいのですが、まず最初にアプリを見た際に物件一つ一つに「たしかな手触り」とか「光と風とやさしさ」とかキャッチフレーズがついていて面白いなと思ったのですが、あれはどういった意図ですか。

中村　あれはほんとに遊び心というか。**とにかく不動産の業界って、どうしても堅苦しいイメージがあるので、それをいかにポップにカジュアルにしていくかっていうところは、とくにエンドユーザー側に関しては考えています。アプリもユーザー体験としてはApple MusicとかSpotifyとか、音楽アプリの感覚をそのまま物件に転用するとしたらっていう発想でつくったりしています。**

——それからｃｏｗｃａｍｏ自体がグッドデザイン賞を受賞されていますが、これはどういったところが評価されたのでしょうか。

中村　物件だけに限らず、何かものを買うときにスペック評価で消費者が動くっていう時代ではなくなってきている中で、もう少しストーリーだとか、裏側にあるデザインのよさとか、ディティールの部分まで含めて商品を訴求しないと消費者が動かなくなっている時代における、新しい不動産のあり方だというようなことを、審査員の方がレビューで書いてくださっていて、まさにそれが我々がやりたいことだと思ったんですけれども。

――スペック評価で消費者が動く時代が終わりにきているというお話が出てきましたが、ｃｏｗｃａｍｏを利用される方の年齢層は比較的若いのかなと想像しますが、そういう方々が御社のサイトやアプリに見ている価値というのはどんなところだと感じていますか？

中村　あくまで肌感としてですが、やはり不動産というものの敷居が高くなってるんですね。いわゆる不動産仲介の店舗に行って、「どうも、家探してるんですけど」って言うと、めちゃくちゃ営業の電話がかかってきますよね。そういった意味でもハードルが高い。本当に「買うぞ！」っていうタイミングじゃないとなかなか足を踏み入れられない。ただ、ｃｏｗｃａｍｏの場合はアプリやウェブを通して、「買うかもしれない」くらいでまず接点を持ちたいと思っています。

本当にカジュアルに1、2年買わなくてもいいんですよ。読み物として楽しんでますとか、インテリアの参考にしてますっていう方もけっこういらっしゃる。お客様がウェブを見てくださって、アプリを落としてまず使い始める。そのうちに、記事を見ていて楽しくなってきて、本当に買おうかなって思って、初めて問い合わせをするという流れです。そこから初めてエージェントがついて接客する。

問い合わせもアプリ内でできるのですが、そこからシームレスでチャットに移行できるようにして敷居を低くしています。無理やり買ってもらうことには僕らは意味を感じていないので。そういう中で、やっぱり楽しさとかビジュアルでぱっと見でわかる、直感的なものを欲しているなっていうのは感じますね。

――直感的なものですか。それはすごいですね。

必要なのは伝える側のクリエイティビティ

中村　写真が多いのもそういったことの一つです。だから記事はこだわって全部内製でつくっています。不動産の大手メディアさんは、自社で記事をつくってるわけではなく、不動産会社の方々が入稿するので、リノベーション済みと言いながら内装の写真がちぐはぐだったり、図面の縮尺が合ってなかったりといったことがあって、それだとリノベーションのよさが伝わらないですよね。やはりそこにクリエイティビティが少ない。このクリエイティビティを上げるだけで、狭めてしまっていた対象とする母集団を広げることができると思っています。

私自身は建築の設計出身なんですが、同じ建物のはずなのに、不動産と言うか建築物と言うかで全然見え方、評価軸が変わってくると思っています。仲介業者の方がリノベーションをデザイン的な側面から語ったり、記事にしたりするのは非常に難しいですよね。どれだけいいものをつくっても、間をつなぐ仲介の人たちが魅力を伝えられないとエンドユーザーに届かない。そのジレンマがあると思ったんです。なのでデザインの力が必要だと。

最近は法人の売主さんだけじゃなくて、個人の売主さんもかなり増えてきつつあります。2000年代後半あたりからリノベーションが徐々に盛り上がって、個人のお客様も知り合いのデザイナーさんにお願いして、独自でつくったリノベーション物件が数多くあるんです。そういう方たちの中には、すごくこだわってつくったものを、「ドライに査定されたくない」「ちゃんと届けて欲しい」っていうニーズがあります。そういった個人の売主さんからも支持されるメディア、サービスになっていくっていうのも、私たちがやりたいことの一つです。
それから、リノベーションのマーケットデータとか、マーケティングにたけているメンバーが外部の設計のデザイナーと組んでcowcamoプロデュース物件というのをつくっています。仕込めるけれどデザインは苦手といった中小の再販業者さんに、デザインまで含めて丸っとおまかせいただいて、売れる物件を一緒につくろうということをやったりしています。

——これまでは住まいというと、新築を購入するイメージが強かった中で、御社は中古・リノベーション住宅に特化されているわけですが、いらっしゃるお客様のニーズというのはどんなふうに感じていらっしゃいますか？

中村　リノベーションの中古のマンションというと、ニッチなお客様が多いんじゃないかっていうご質問をいただくことが多いんですが、決してそんなことはないんです。新築がものすごく高くなってしまっている、プラス都心部での開発がないので、都心部に住みたいとなったら、ほどほどの適正価格のものは基本中古です。

都心部になればなるほど、中古のマンションは一定数あるのですが、築30、40年のものとかについては、アップデートをかけないと今の住まい方に合わない。ですので、必然的にリノベーションになるんですね。なので、こう言っては何ですが、ふつうのお客様がきているという感じですね。

一番はじめはスタートアップ・ベンチャーのサービスだったので、業界のＩＴ系の人たちが反応してくれて使い始めてくれましたけども、今はいろんな職業の方々がいらっしゃってますね。一番大きなボリュームゾーンとしては、30代で初めて家を買う世代、それこそスマホでｃｏｗｃａｍｏのアプリとかをいじっていて、全然違和感がない世代ですね。

ただし、結果的にメインターゲットはそうなってはいますが、基本的にはそこに限らず幅広くと考えています。それこそ郊外で子育てを終えて、都心に回帰して夫婦お2人で住みたいって方もいらっしゃる。若い人しか使ってないアプリというわけではありません。

35年では買わないけど5年ごとに買いかえる

――あまり上場したばかりの会社（2019年7月上場）に暗い話をするのは憚られるのですが、今不動産市況を見ますと高額物件が売れ残っていて、供給サイドの問題もあると思うのですが、やはり価格が高い状況です。また、需要サイドから言うとやはり最大のボリュームゾーンである団塊ジュニア世代が45歳になり、今後50歳を超えてくると、なかなかマンションをローン組んで買うということにはならないのかなと。

その中で御社の資料などを拝見すると、全体の中古の市場は広がっていて、その中でもリノベーションの市場は今後も広がっていくだろうと予想をされています。リノベーションの市場が広がるという理論は私もわかるのですが、やっぱり二度のバブル崩壊を見てきますと、不動産市況というのは、ダメになるときというのは、急にシュリンクしていきます。新築も中古も売れなくなる。今はまだそこまでいってはいないですけれど、今後、全体の分母としての需要が減っていく可能性もあるわけですが、そういった中での、御社の将来像というのはどのように考えておりますでしょうか。

中村　それに関して、私たちがやりたいのは一生のうちの購入回数を増やすということです。理想としているストーリーの一つはメルカリさんのストーリーで、メルカリさんが出てきたことによって、たとえば服に関しても、いずれ売れるのであれば安いものを買うのではなくて、高くても自分の好きなブランドの新しいモノを着て、ワンシーズン着たら売ればいいじゃないかと。それによって、全体としての流通量が大きくなるような、メルカリ消費と言われるような買い方が増えてきています。

住まいも同じだと考えています。都心部で価値が下がらないものを、単身の時代に買って、それを家族ができたら転売するとか、そういう世界観はありうると考えています。これまで賃貸で住んでた方たちが、もっと気軽に、買ってもいいんじゃないかっていう世界を実現したいと思っています。

そうやって、一生の購入回数を増やしていくことによって、私たちの取引量を増やすということです。人口減というのはおっしゃるとおりですし、不況に左右される部分もあると思いますが、住まいは実需なのでさほど影響はないとも思っています。

加えて、先ほどお話に出た車との比較で言えば、車を買って所有する人というのは減ってきつつあると思いますが、一方でシェアリング的な文脈はあると思っています。車に関しては、エニカ（DeNAが運営している個人カーシェアリングサービス）などいろんなサービスがありますが、車を持ってる人はそれを運用して、一個のものをいかにシェアするのかといった考え方が出てきています。もちろんシェアではないですが、住まいに関してもそれと近いと思っています。

ある物件のサイクルを高めることで、これまでは35年で1家族しか住んでなかったところが、5年で5家族入れ替わることになれば、長い目で見るとシェアと言うこともできます。若者は家も車も買わないと言われていて、実際、買わないんですが、そういう位置づけで、そのサイクルをもう少し短く見てみると、35年では買わないけど5年ごとには買いかえるみたいな世界はできうるのではないかというのが、私たちの考えです。

その実現のためにも、cowcamoのプラットフォームの向上が一番だと思いますし、メルカリさんの例でお話ししたとおり、「買っても売れる」という安心感をつくっていくことが重要です。実例としてｃｏｗｃａｍｏは２０１５年にスタートして約４年ですが、オープンしたころに購入されたお客様が、それを手放して買いかえるといった例も、数は少ないですが出始めています。

――なるほど売買の回転数を増やしていくという発想は新しくて、実に面白いですね。また、４年で売るっていうのは、なかなか早いですけど、ありえなくはないですね。

中村　そういう方々は、私もｃｏｗｃａｍｏで買ったから、きっとこの物件を欲しい人がｃｏｗｃａｍｏのユーザーにいるはずだと思って、戻ってきてくれた形ですね。私たちのビジネスとしては仲介が収益の一つではあるので、売って終わりにならないようにするというのが大事です。ですから、購入後のコミュニティづくりとして、購入者向けのイベントなどを企画して、購入後もどこかでｃｏｗｃａｍｏとつながっていてもらえるようにしています。そして、いずれ売るときにはｃｏｗｃａｍｏで、っていうのをつくっていくっていうことも大事だと思っています。

――一戸建てに関してはまだやられていないようですが、そこはどうですか。技術的に耐震の問題とかありますから簡単には手を出せないかと思いますが。

中村 おっしゃるとおり管理の問題などもありますから、前のめりに行くのは難しいと思っています。ただ課題感はあります。空き家問題などと言われてますが、今後、社会課題としてより認知されていくだろうと思ってます。ｃｏｗｃａｍｏの対象エリアであっても戸建てがないわけではありませんし、戸建ての築古のものも増えてますから、それをリノベーションで再付加価値化できるかということだと思います。ただ、今と同じ枠組みでできるのかというと、難しいところはありますが、部分的にトライアルをしていきたいですね。

――本日はありがとうございました。御社のお話をうかがって、やはり想像を超える部分というのが多くありまして、大変興味深かったです。

中村 こちらこそ、ありがとうございました。

不動産価値のパラダイムシフトとその先の先駆者として

特別インタビュー ❸

長谷川拓磨

いちご株式会社　代表執行役社長

1971年千葉県生まれ。1994年フジタ入社。2002年現いちご入社。ファンド事業、開発事業全般に従事。不動産部門全体の責任者を歴任。2011年いちご地所社長に就任。不動産を活用した新規ビジネスに取り組む。2015年よりいちご株式会社代表執行役社長に就任。

いちご株式会社会社概要

不動産に新たな価値を創造する「心築（しんちく）」事業を軸として、J-REIT（いちごオフィス8975、いちごホテル3463）やインフライールドコ（いちごグリーン9282）の運用、太陽光発電事業を中心としたクリーンエネルギー事業をグループで展開する。会社名の「いちご」は、経営理念としても掲げられている「一期一会」という言葉に由来しており、「人との出会いを大切に」という会社の精神を表している。

人口減少の影響は実需と投資を分けて考える

——日本の不動産のことを考えますと不安になるのが、人口減少のことです。とくに地方及び東京郊外です。私の事務所は赤坂にあるのですが、このあたりだけを見ていると、日本はまだ大丈夫なんじゃないかと思ってしまいがちですが、出張などで地方に行きますと、シャッター商店街ばかりですし、私自身は東京の多摩地区の出身なのですが、実家のほうに帰るたびに、どんどん商店が潰れて、東京でも郊外は地方と変わらない状況と言ってよいと思います。

そういった状況をふまえて、ドメスティックな不動産業界がこれからどうなっていくのかなと。ビル事業であり、マンション事業であり、最近ですと物流事業や不動産のファンド、REITを含めて、全体のパイが減っていく中で、そろそろ限界点に達しているかなと考えています。評論的なことを書いてもまったく意味がないので、この点について、俯瞰した目で実際にリアルビジネスに関わっていらっしゃる企業経営者の方のご意見をうかがいたかったというのが一つです。もう一つは、世界的に見ますと、企業のSDGs（持続可能な開発目標）への取り組みというのが本格化しており、これに貢献していない会社に対しては「ダイベストメント」などと言って、投資を引きあげるといった動きが出てきているのに対して、調べれば調べるほど日本はＳＤＧｓへの取り組みが、ずいぶんと遅れているなという印象を持っております。そのような中で、御社は近年太陽光発電や再生可能エネルギーなどに積極的に投資をされてきたと思うのですが、固定価格買取制度（ＦＩＴ）なども価格が下がる方向に変わっていく中で、今後どのように事業を行なっていくのか、この二つをメインとしてお聞きできればと思いまして、今回お時間をいただいた次第です。よろしくお願いいたします。

長谷川　こちらこそよろしくお願いいたします。

――早速ですが、東京だけですと、ここ10年ほどは人口が１００万人以上増加しております。しかし、今後は２０２５年ぐらいをピークに、もうあまり増えないと。また、人口構成比を見ますと、やっぱり高齢化が進んで、統計上の就労人口と言われる15～65歳のいわゆる労働者の人口は東京都も減っていくようです。この人口減少に対して御社がどのようにお考えか、お聞かせいただければと思うのですが。

長谷川　**人口減少については、いろいろと不確定な要素があると思いますが、不動産とは文字通り「動かない」ものなので、まず、不動産会社としてはどこに不動産を持つのかというのが非常に重要になってくると思います。**

当社のポートフォリオはおおよそ4分割で、マンションとオフィスとホテルと商業施設です。あとはロジスティクスや、そのほかのアセットも少し持っているという状況です。ですので、人口減少について言えば、会社が中長期的にサステナブルに成長していくためには、このポートフォリオをどう組むか、とくに、マンションの部分をどう持つかというところが一つ考えなければいけないところです。

そもそも人口減少は、これから日本がインバウンドや海外からの留学生、就労者をどのように受け入れるのかという変数も関わってくるのかなと考えています。どちらかというと日本は、今後は留学生を受け入れたり、就労者を増やしたりしていくという方向性なので、単純に出生率の低下や労働力人口の減少だけで見るというのは、若干、早計なのかなという気はします。

また、住宅という観点ですと、実需としての分譲用のマンションや戸建てと、私たちが投資しているような投資用の不動産、賃貸マンションですね、そういったものは分けて考える必要があります。人口減少によって賃貸不動産のマーケットがいきなりシュリンクするのかというと、たぶんそれはすぐにはやってこないと思います。賃貸不動産をお持ちの方は、先ほどお話しした「どこに持つか」という点では、当然いい場所の不動産であるからこそ、投資用の不動産としてお持ちになっているからです。そういった意味で、東京23区に限らず、人口減少の影響は、まず住宅でいうと一戸建て、立地でいえば地方の駅から遠い不動産、といったものから始まっていくだろうと考えています。

ただし、マクロで言うと先ほどお話ししたような、インバウンドなどの変数もあるので、必ずしも、すべてにおいてマイナスな指標なのかというとそうではなく、分野によって強弱が出てくるだろうと思っています。

海外投資はナレッジとタイミング

――こうした国内の状況を受けて、海外に活路を見出そうとする動きも出ているようです。アメリカという盤石な国もありますが、このあたりはどのようにお考えでしょうか。

長谷川　多少投資は始めています。ただ、不動産はローカルなものなので、私たちが海外に出ていって勝てるのかは、また別の議論だと思っています。

たとえばアメリカのように、常にグロースしているマーケットというのを、会社として研究していますが、それは日本のようにしばらく経済成長がゼロというような市場とは違ったビジネスとしての、何かヒントがあると思っているからです。

そのようなマーケットに対して経験値を上げておく、もっと言うと日本というデフレのマーケットでのノウハウというものが、逆にアメリカというインフレの、グロースしているマーケットの中で何かビジネスチャンスがあるかもしれない、というような観点で、北米の不動産を見ています。ただ、不動産については、日本でビジネスが成り立つからといって、海外でも同じようなビジネスが成り立つとは私は思っていません。

――それは御社ほどの規模の会社であっても、海外でよい物件を安く、適正な価格で買うのはなかなか難しいということでしょうか。

長谷川　**そうです。海外の人が日本でいい不動産を買えるのかというと、それはなかなか難しいというのと同じです。これだけ国内にお金が余っていて、以前から日本に根を張っている海外の投資家の方たちもいる中で、あとから入ってきて、よい不動産を安く買えるかというと、そんなに簡単なものではありません。もし勝てるチャンスがあるとすれば、自分たち自身にそのマーケットで勝てる、何かナレッジがあるかどうかということと、投資で入るタイミングの二つだと思います。そういった点で、国内だけと決めてかからずに、海外のマーケットも見ているというのが現状です。**

――私のところに相談に来るお客様のお話を聞きますと、タイやベトナム、フィリピンなどの、アジア新興国の不動産に対しての関心も高まっているように感じます。だいたいの物件はマンション、日本で言う区分所有のアパートメント・ビルディングなのですが、こうしたアジア新興国の不動産を投資目的で購入することについてはどのようにお考えでしょうか。

長谷川　なかなか難しい質問ですね。というのも、そもそも私たち自身はこれから伸びると言われるようなマーケットに、青田買いするようなビジネスをしていません。ですから、やってもいないことを、肯定することも否定することもできない、というのが正直なところです。

ただ、一般論として、そういうところに投資をしてはいけないのかと聞かれれば、そんなことはなく、これから間違いなく経済が発展してグロースしていくので、そこで勝負するというのは、株でいえばグロース株、それこそベンチャー株に投資するのと同じことじゃないかと思います。株は紙切れになってしまいますが、不動産は紙切れにはなりません。ただ、国によってはさまざまなリスクに気をつけなければいけません。

あるいは、自分が将来的に海外に住むつもりならよいのかなとも思います。私は不動産会社にいるので、「自分の自宅をいつ買うべきですか？」とよく聞かれます。私がいつも言うのは、日本に限って言えば、一戸建てでもマンションでも「買いたいときが買いどきですよ」ということです。なぜなら、自宅は住み続けることを前提にしている、つまり売らないから、プライスレスですよね。

でも、投資として考えると難しくなります。当たり外れもありますし、タイミングもあります。住んだことのない国の、住んだことのない町に投資用の不動産を買うというのは、とても難しいことです。そのリスクを取るならば、個人的には投資用の商品を買うことを選びます。ＲＥＩＴのような商品は当然海外にもありますから。

不動産は紙切れにならない

――私もそう思います。シンガポールや香港はもう高くなってしまいましたが、マレーシアあたりで、東京の帝国ホテルの隣ぐらいに物件を買ったつもりが、よくよくあとで見てみたら、茨城県の水戸だったみたいなことが起こりえるんじゃないかと、お客様には話しています。

実際、うちの父がそうでしたけど、どんどん価格が上がると思って茨城県に３００万円で土地を買ったら、私が相続して査定したときには3万円でしたから。同じようなことが海外でも起こらないとは限らない。

長谷川　日本人は、私もそうでしたけれど、お金の勉強というものをしていません。習っ

てきていない。同じように不動産の勉強というのもまったくしていません。ですから不動産のマーケットの状況がよくなると、いろいろ不祥事が起こってしまう。

私は投資運用をする会社の代表執行役社長という立場でやらせていただいているので、少しでもそういった方々にとってプラスになるような情報の発信や、商品というのをお出しすることで、マーケットを学んでいただけるようになればいいなと思っています。

基本的に不動産でキャピタルゲインを狙うのは難しいことだと思います。それより、不動産というのはインカムがしっかり入ってくるものなので、インカムでしっかりリターンを取りながら、売るタイミングをはかればいいと思うんです。

常に買った不動産の価値だけで商売をしようとすると、それはすごく難しい。でも、住宅でもなんでもそうですけど、不動産はインカムがきっちりあるので、そのインカムがきっちりと取れるものなのかという視点で見たほうが、よほど不動産は簡単です。でも、なかなかそういう方向に進んでいかない。ＲＥＩＴが売れないのも、キャピタルゲインを取ろうとするからです。不動産がポートフォリオで管理されて、稼働率が安定しているとか、インカムが安定しているからこそＲＥＩＴという商品をつくったんですけど、ふつうの株式のマーケットと同じように扱われてしまっています。

不動産というのは、先ほども申し上げたとおり、紙切れになるものではないので、その中で、投資をするという意味で言うと、本当は株よりもよっぽどハードルが低い、ミドルリスクミドルリターンの商品としてつくられたんだと思っていますが、なかなかそういうところにお金がまわらないのは残念です。

——一方でもう一度、国内に目を戻しますと、東京の中心部と地方及び東京郊外というのはずいぶん状況が異なっております。中でも地方、たとえば福岡県だったら博多ではなく、その周辺地域の不動産というのは、どのようになっていくとお考えですか。

長谷川　やはり不動産の価値というのは濃淡が出てきてしまうと思いますので、そこは気をつけないといけないと思っています。私たちも全国でＲＥＩＴも入れると３００か所くらいの不動産を所有しておりますが、やはりその中でも優位性の高い、地域一番の場所に持つことを基本としています。

不動産価値のパラダイムシフト

——たしかに御社が所有している物件などをホームページで拝見させてもらったんですけど、やっぱり非常にいいところの物件が多いですね。

長谷川　冒頭にも申し上げましたが、不動産には二つあって、実需なのか投資なのかで全然違ってきます。実需で持つのであれば、売ることが前提ではないので、田舎に持ってもいいと思います。実際、私自身が田舎に家を持ちたいかといえば、そこに住むのなら、持ってもいいと思います。

でも、投資で持つのであれば、やはり負けない場所に持ってほしいですし、私たちも負けない商品を売りたいですから、交通の利便性など、さまざまなことを考慮しなければなりません。簡単に言いますと、潮が引いてしまったあとでも、しっかり残る場所に張らなければいけないという感覚があります。

ただし、同時に世の中の価値観の変化という視点で見た場合に、不動産の価値に変化が起こってくるとも思っています。これからも、必ず東京の丸の内がオフィス立地として未来永劫強いとは限らない。

——それは面と面との競争が激しくなるということでしょうか。たとえば六本木対丸の内となったときに丸の内が常に連勝するわけではないと。

長谷川　いえ、そういう意味ではなく。**もっと長い目で見たときに世の中の価値がパラダイムシフトを起こす可能性があると思っているということです。ＩＴの進歩とこれからの技術革新によって、本当に丸の内の価値が高いのかとなると、負けることはないにしても、価値の平準化ということが起こる可能性はあるんじゃないかというのが私の考え方です。**ですから、そういう意味でいろんな角度から世の中を見ていないといけませんし、鉄板なんてものはないと思っています。

——アメリカなどでも、ニューヨークのマンハッタンのようなオフィス街がある一方で、郊外の緑の多くある自然豊かな環境下に低層のオフィスがあって、町がつくられて、そういったところにＩＴ系の超ビッグカンパニーの本社や研究所を構えていたりしますね。

長谷川　日本の場合はそこまで特区みたいな形にはなっていないので、なかなか今ある町がそのまま強いみたいなことにはならないかもしれませんが、もう少し新しいところに価値を見出す人たち、とくに20～30代の若い人たちと話すとまったく価値観が違いますし、彼らに期待もしています。そういう人たちがこれからの日本の新しい価値をつくっていくと思うので、彼らを応援できる会社になっていきたいなと思っています。

――素晴らしいですね。

長谷川　いえ、これは変な正義感で言っているのではなくて、彼らに学ばないといけないと思っています。彼らはすごくサステナブルで、ニュートラルで、正直です。家が欲しいとか車が欲しいとか、そういう価値観じゃないんです。
そういう意味で言うと、そういう人たちにとってのサステナブルな、それこそＳＤＧｓやＥＳＧ（企業の長期的な成長のためには環境、社会、ガバナンスの観点が必要という考え）、そういう価値観って何だろうって突き詰めていくと、じつは今ある価値がそのまま彼らに受け入れられる価値ではないかもしれないということを、すごく感じているんです。

うちの会社は3年の中期経営計画を出すのをやめたのですが、それは、3年といった短いスパンでの変化に対して数字を追いかけているようでは、企業にとってのサステナブルはないと考えたからです。10年スパン、ひょっとしたら10年でも短い、50年くらいのスパンで見ていかないといけないのかもしれません。彼らはそういう価値観なので、そのマーケットにあったものを提供できないと、会社としての価値はないと考えます。

これからの不動産の運用に求められる視点

——先ほどSDGsの話が出ましたが、海外のニュースとかを読みますと、それ関連の記事が載らない日がなくて、日本の政府や企業は1周遅れどころか3周遅れぐらいなんじゃないかと思うこともあります。東日本大震災の影響などもあるとは思うのですが、一方でGoogleやAppleが、自社の電力として再生可能エネルギーしか使わないといったことを表明したり、実際そのほうが安かったりするという。このあたりはどのようにお感じになっていますか。

長谷川　会社をいかに長く成長させるかという視点で見たときに、不動産業界だけではない、さまざまな角度やさまざまな尺度、いろんな方々の意見というものを知る必要があると感じていますし、そういう中で、いろんな方たちとお話をしていく中で、やっぱり不動産業界に足りないものっていうのがいっぱいあるんですよね。

不動産業界が見てないものに、じつは本質がたくさんあって、そういうものの中の一つとして、今お話ししたようなことを感じたというのが、私たちが会社の長期ビジョンでうたっていることなんです。

現状は、まだ価値のある建物を壊して、新しいビルを建てて、高い家賃を取っているケースもあります。でもこれからは、新しくなれば価値は上がるかといえば、そういう世の中じゃないんです。

実際、新宿で去年オープンさせたホテルは、築40年で旧耐震の建物でした。これを壊して新たに建て直すと１００億円。でもリノベーションして、耐震補強すれば40億で済みます。１００億円で同じ客室単価で売上も同じだとしたら１００億円かけても５パーセントしかまわりませんが、40億でリノベーションすれば8パーセントまわります。そこで、築40年のビルをもう40年持たせるべく40億円投資しました。

実際にオープンしてわかったのは、古いからといってホテルの単価が下がるわけではないということです。現在、もともとの客室単価の1・5倍くらいまでになっています。リターンとしては十分にあっていて、古きよきイメージも残っていて、欧米の方を中心に海外の方が8割くらい入っているようなホテルになりました。

100億かけて同じリターンを取ろうとすれば、客室単価を倍にしないといけません。たしかに新築にすることで、単価は倍になるかもしれません。でもいろいろな意味でどちらがハッピーか。投資の金額が抑えられて、泊まっていただく方にとっては、周辺の新しいホテルより割安で、でも中の環境は水回りから配管から何からフルリノベーションをしていますから、新築のようなたたずまいで、新しいホテルのように快適に過ごしていただけます。

これからはあるものを活かして、どうやってバリューを上げたり維持したりしていくかということに力を注ぐべき時代にもう入っているかなと思っています。私たちとしてはこれからの不動産の運用ではそういうことが大事で、いかにそこに真剣に取り組んで、かつしっかりとビジネスとして儲けられるかだと思っています。

ですので、一番はじめの質問で言いますと、まだまだ日本国内でもできることはいっぱいあると私たちは思っており、その中で成長もしっかりしていけると思っています。

会社自体がサステナブルであること

――ありがとうございます。

次に、先のSDGsという点で言いますと、御社は太陽光発電、再生可能エネルギー発電をやられています。当初は買取価格も高く、言ってしまえばビジネスになるという点があって参入をされたと思います。しかし、その後、固定価格買取制度（FIT）の法律がどんどん変わってきて、買取価格が下がってきています。そういった環境でも再生可能エネルギーの投資は続けられるご予定でしょうか。

長谷川　私たちが再生可能エネルギーのマーケットに参入したのは、エネルギーミックスの問題に対して、不動産会社としても何かできることはないかということで、遊休不動産の新たな有効活用を図ることを目的として、スタートしました。現在では、太陽光と風力発電事業を展開しており、これから少しバイオマスも検討していこうと考えています。そういう意味ではＦＩＴは40円から始まって、２０１９年9月現在は14円ですが、今でも新規開発をしています。私たちとしては、今の火力、水力、原子力といったエネルギーが一桁円で成り立っているわけなので、どうやって自分たちでそこまで持っていくか。そうなって初めてクリーンエネルギーは世の中のためになっていくと考えています。

――そうなんですね。

長谷川　売電価格の引き下げは、それに少し水を差しているかもしれませんが、実際クリーンエネルギーが代替エネルギーとして既存の電力を賄えるのかというと、今はまだ賄えないというのもまた事実です。

クリーンエネルギーに関して言うと、グローバルではＲＥ１００（Renewable Energy 100%）などとうたって、自分たちの使うエネルギーは自分たちで補填します、自分たちでつくりだしますということを宣言している企業はたくさんあります。日本でもいくつかの会社さんが宣言していますけど、私たちもできればそこに名乗りを上げていきたいと思っています。イメージとしてそこを目指さないと、ただの太陽光バブルみたいなものに乗っかっただけのビジネスになってしまうので、どうやってクリーンエネルギーの事業として続けていくのかというのが非常に重要です。

しかし、やはり時間は必要です。いきなり技術革新はしませんから。ＦＩＴの額が40円から14円と半分以下になっていて、それでも事業が成り立っているということは、40円だったときに「すごく儲かっていたんじゃないか」という声をいただくこともあるのですが、実際には、パネルの値段が半分になって、発電効率が上がっているから事業が成り立っているんです。メーカーさんや施工をしてくださる会社さんなど、一緒に取り組んでいただいている方々の努力があって、なんとかここまで来たと。そういう意味では、もう少し行くとようやく代替エネルギーとしての価値が認められてくるんだと思います。

——今の若い人たちにとっては、その会社がＳＤＧｓの視点で、ちゃんと社会の役に立っているかどうかということが大事になっているようですね。

長谷川　**会社のあり方そのものがサステナブルな存在じゃなきゃいけない時代に入ってきたということだと思っています。ＳＤＧｓという考え方自体を、どれだけ事業の中に落とし込めるか、そしてそれをどれだけ当たり前にやっていくかが重要です。先ほどおっしゃったダイベストメントなんて考え方がまさにそうですが、そういう考え方でないと「企業の価値がない」と言われかねない世の中になりつつあります。**

そういう意味で言うと、ぎりぎりまで取り組まないよりも、積極的に取り組んでいくような形でないと、あっという間にそういう世の中が来てしまうという気がします。

プロダクト・アウトからマーケット・インへ

――そういった意味では、私はデベロッパー出身なので、付置義務住宅（市街地環境の整備改善と定住人口の確保、増加のために、ある一定以上の広さの建物には集合住宅などの設置を義務づける制度）というのがありまして、今でもあると思うのですが、あれを少し変えて、付置義務保育所、付置義務子ども食堂みたいなものをビルの中につくれば、待機児童や貧困問題なども減るんじゃないかなと思うんですが。

長谷川　私たちも、ビルというもの自体の機能がこれからもっと変わっていくと思っています。アセットタイプごとの考え方自体がだんだん薄れていく。マンション、オフィスビル、商業施設、ホテルといった区分ではなくて、住む、働く、食べる、泊まるといった、人にフォーカスして、そのビルを使う人たちのニーズに応えるビルという考え方です。作り手先行型のプロダクト・アウトのビジネスモデルというのはもう通用しないというのが正直なところで、これからは、やはりマーケット・インだと考えています。今おっしゃった付置義務住宅の話というのは、まさにそのビルに必要な機能っていうのは何なのかっていうことです。これからは必要な機能を有しているからバリューがあるという考え方にどんどんなっていくと思うんですよね。
もしかしたらそれが保育所なのかもしれないし、地域の人が集う場所なのかもしれない。ですから、私たちのようなリアルに場を提供できる会社が、それらを敏感にマーケティングして、いかに提供をしていくかということが、これからすごく求められるだろうなと思います。

――今、マーケット・インというお話が出ましたが、具体的な例などあるでしょうか。

長谷川　そうですね、最近不動産でよくあるのが、ＩＴ系の企業が増えるとトイレの数が足りなくなるんです。女性やエンジニアといった、内勤の方が多くて、トイレが大混雑します。実際、お台場のフジテレビさんの隣にあるトレードピアお台場を購入したときに、まずやったことの一つがトイレを増設したことです。1台250万円ほどかかりますが、増設後にふたたびアンケートをとったら満足度が非常に上がったんです。

――トイレだけでですか。

長谷川　そうです。通常のオフィスビルですと総務の方にしかアンケートをしないんですけど、このビルでは約5000人が働いているので、全員を対象にアンケート調査しました。もちろん全員は答えてくれませんが、ＱＲコードなども活用して、10パーセントの方にご回答いただきました。10分の1の方が答えてくれるというのは、すごい回収率です。でも、そうやって聞けば答えてくれるんですよね。

要は何を申し上げたいかというと、オフィスワーカーさんに必要なモノはオフィスワーカーさんにしかわからないということです。そこにどうやってアプローチして満足度を引き出すかというところが、私たちのようなビルオーナーに求められていて、たぶん、そういうことをどれだけやっていくかということが、これからの不動産の価値にいずれつながるし、そういうことを地道にどれだけやるかということのほうが、綺麗で立派なビルをつくるよりも、これからは受け入れられていくと思っています。

――本日は本当に多岐にわたるお話をうかがいましてありがとうございました。不動産の未来を考えるうえで非常に参考になったと思います。

長谷川　**会社のみんなには、不動産を持っている、いい場所にあるというだけで儲けられる時代はすぐそこでなくなるかもしれないと思って、もっとお客さんと接してくれと言っています。お客さんの中にしか当社が生き残っていく答えはない、ということです。そこでどんなサービスを提供して付加価値が出せるかで、たぶん世の中の不動産に対する価値が変わってくる可能性があると考えています。**

おわりに

本文中でも触れた、世界的ベストセラー『サピエンス全史』（ユヴァル・ノア・ハラリ著、河出書房新社）に、16世紀初頭から近代にかけて、なぜヨーロッパの国々が遠く離れた南北アメリカ大陸や太平洋諸国を植民地化できたのか、そして、その後、長きにわたり繁栄を自国にもたらすことができたのかについて書かれていました。

当時、航海術や財力に優れていた国々はヨーロッパだけではなく、中国（明朝）やオスマン帝国、またインドにも存在しました。しかし、彼らは、自国の近隣の地域に対してのみしか興味や野心を抱くことがなかったというのです。

一方でスペイン、ポルトガル、オランダ、イギリスの諸国は「海の向こうの世界がどうなっているのか？」ということに、元来強烈な興味を持ち、さらには大きなリスクを負ってまで、実際に海の向こうに渡って行って「新たな発見」を求めました。

そして「その獲得した新しい知識や領土によって世界を制する」といった強い願望を

持っていたのだと。

この「外に対する強烈な好奇心」や「飽くなき野心」の「差」こそが、それぞれの国の、その後に決定的な影響を与えたというのです。

別の分野で、これと似た興味深い話がありました。

以前、大学や研究機関の研究成果の発掘と管理を業務とする、とある先端企業の経営者の方にお話をうかがったことがあります。

その企業では、日本全国にある大学等の研究機関を訪れ、将来有望と思われる研究のシード（種）を見つけ出し、それを主としてアメリカや日本の製薬会社などへ紹介し、かつライセンス契約の代行を行なっています。

その経営者がおっしゃるには「創業から20年、将来有望と思われるさまざまな研究を、その初期段階から選びに選び、峻別、紹介してきました。その結果、一つだけわかったことがあります。それは、どのシードが将来日の目を見て、特許獲得まで至るのかは、結局のところ『わからない』ということがわかった」と。

また同時にこんなこともおっしゃっていました。「日本の企業とアメリカの企業の獲得する特許数の差が年々どんどん開いてきています。現在では、アメリカ企業の獲得する特許が100とすると、日本はせいぜい3程度です。この原因は明確で、日本の企業は、実際に採用する段になって、やれリスクの排除だ、効率だ、費用対効果だ、といった話ばかりが出て、結局絞りに絞って3程度しか採用しない。一方でアメリカの企業や研究機関は100そのままで契約していく。この日米の企業のスタンスの差がそのまま特許獲得数に表れている」というのです。

さて翻って、本書において言及してきた「不動産」そして「銀行」の業界の状況はいかがなものでしょうか？　過去から現在までどのような道を辿ってきた結果、現在のような状況が生まれたのでしょうか？

それは、言うまでもなく、あまりにもドメスティックで、あまりにも旧態依然としていて、あまりにも新しいものを自ら生み出してこなかった、その結果だと言えないでしょうか？

経営者の方々はおっしゃるかもしれません。高価な土地を買い、巨大な建物を建てるということ自体、非常に大きなリスクを取っているのだと。

しかし、私に言わせれば、それすら数十年も前から、先人たちがやってきたこととなんら変わっていないと感じてしまうのです。ましてや建物自体は、大手ゼネコンが生み出した最新の技術で建てているだけで、事業主自体に何か、本質的な意味での技術や新しい何かを持っているわけではありません。

私が不動産業界に入って約四半世紀になりますが、業界が当時と変わったことといえば、各人がポケベルからノートブックや携帯端末を持つようになったぐらいの変化しか思い付きません。

もちろん、大手はビル賃貸業や住宅分譲事業のほかに、大型物流倉庫やショッピングセンターの開発に乗り出したり、それらを証券化し、ＲＥＩＴを組成し、その子会社を上場させたりしてきてはいますが、これぞ革新的と思われる何かが新たに生まれたとは思えないのです。

かつてのように、国内経済が右肩上がりに成長していった時代には、それまでと同じやり方を継続していくだけでも、増収増益が実現できました。

しかし、これからの人口減、つまり生産年齢人口が減少していく時代において、少なくとも上場企業はどうやって「株主に対しての責任」＝「企業価値の増加」＝「毎期の増収増益」を実現していくのでしょうか。

これまで以上に物流倉庫や商業施設、ホテルやその周辺の営業品目を増やしていくにしても、そろそろそれも限界に来ているように思います。

そういった現状ゆえに、もう一度「リスクを取る」ということについて考える時期が来ているのではないでしょうか。

リスクを取るということについて、また何か新しいことを始めるということについて、個人的に考えさせられる小さな出来事がありました。

２０１８年6月の住宅宿泊事業法（＝民泊新法）施行のさらに2年前のことです。

当時、若い世代の方々と話している中で、彼らの多くが出張や国内外の旅行の際に、楽天や一休といった、従来の宿泊予約サイトを使わず、Airbnbというサイトを介して「民泊」なる施設を予約しているということを知りました。

私もとにかくサイトだけでも見てみようとランダムにページを閲覧していると、熊本県のとある温泉街にある「一泊３０００円」という破格の安さの民泊施設に目が止まりました。

その民泊施設は、なんとその温泉旅館で働く仲居さんが運営しており、施設の紹介文には「私は21歳で近くの旅館で仲居として働いています。友人と二人でアパートを借りましたが、友人が故郷に帰ってしまい、現在一部屋空いています。そこをお貸しします。英語は得意ではありませんが、今一生懸命勉強していますので外国人の方も大歓迎です」とありました。

これを見たときの私の第一印象は、「21歳の女性が同じ屋根の下の一部屋を他人に貸して安全なのだろうか？」というものでした。

それと同時に「旅館の仲居さんが同じ温泉街の自室を貸し出して稼ぐ時代が来たのか」と感慨深いものがありました。

この女性を、単に向こう見ずで怖いもの知らずだと言う方もいるかもしれません。

しかし、当時は「民泊」という言葉を聞いたことがあっても、まだ企業も事業として真剣に取り組んではいない時期でした。

そんな時期に、21歳の女性が、彼女としては取るだけのリスクを取って、世界最先端のサイトに自らの顔と実名を公表し、一泊３０００円の宿泊費を稼ぎ出す「事業」に乗り出したのです。

くり返しになりますがリスクを取らなければ、リターンは得られません。

今後、確実に縮小していく国内経済の中で、これまでのやり方を踏襲するだけでは成長がもはや困難であるのは明らかです。

今こそ、何か新しいことを始めるときです。

それは、海外に出ていくことかもしれませんし、既存の事業を見直すことかもしれません。あるいはインバウンドや若い世代の新たな需要や価値観に目を向けることかもしれませんし、ＩＴやＡＩといった新しい技術を活用していくことかもしれません。

そして、それをするには体力があるうちが勝負です。

まだ人材も資金も十分にあるうちに始めなくてはなりません。

本書が、今まさに訪れようとしている「不動産2.0」の時代における、あなたの次の一手を考える一助となれば幸いです。

最後になりましたが、本書を刊行するにあたり編集者の高部哲男さんには大変お世話になりました。また極めてお忙しい中、取材に応じてくださった、ＯＹＯ ＬＩＦＥの勝瀬博則様、株式会社ツクルバの中村真広様、いちご株式会社の長谷川拓磨様に深く感謝を申し上げます。ありがとうございました。

長谷川 高

不動産2.0

2019年12月25日　第1刷発行
2020年 2月15日　第2刷発行

著　者　長谷川 高
ブックデザイン　小口翔平＋山之口正和＋大城ひかり（tobufune）
校正校閲　鴎来堂
編集協力　石井晶穂、矢作奎太
本文DTP　臼田彩穂
編　集　高部哲男
発行人　北畠夏影
発行所　株式会社イースト・プレス
〒101-0051
東京都千代田区神田神保町2-4-7久月神田ビル
電話　03-5213-4700
ファックス　03-5213-4701
https://www.eastpress.co.jp/

印刷所　中央精版印刷株式会社

ISBN 978-4-7816-1841-8